Söta Delikatesser
En Kakares Dröm

Karin Andersson

Innehållsförteckning

Royal Icing 11

Sockerfri glasyr 12

Fondantglasyr 13

Smörglasyr 14

Chokladsmörfrosting 15

Vit choklad smörglasyr 16

Kaffe smörglasyr 17

Citronsmör frosting 18

Apelsinsmörglasyr 19

Gräddostfrosting 20

Rågbröd Med Vetegroddar 21

Sally Lunn 22

Samos bröd 23

Sesambaps 24

Surdegsförrätt 24

Sodabröd 26

surdegsbröd 27

Surdegsrullar 28

wienerbröd 29

Fullkornsbröd 30

Honungsbröd av fullkornsvete 31

Snabba fullkornsrullar 32

Fullkornsbröd med valnötter 33

Mandelfläta 34

Briocher 36

Flätad brioche 37

Äppelbriocher 38

Tofu och nötbriocher 40

Chelsea bullar 42

kaffebullar 44

Crème Fraîche bröd 45

Croissanter 45

Sultana croissanter av fullkornsvete 48

Skogsrundor 50

Nötaktig twist 51

Apelsinrullar 53

Smärta Choklad 55

Pandolce 57

Panettone 59

Äppel- och dadelbröd 60

Äppel- och sultanabröd 61

Överraskningar med äpple och kanel 62

Aprikos te bröd 64

Aprikos och apelsinbröd 65

Aprikos och valnötsbröd 66

höstkrans 67

banan bröd 69

Helvete bananbröd 70

Banan och nötbröd 71

Bara Brith 72

Badbullar 73

Körsbärs- och honungsbröd 74

Kanel och muskotbullar 75

Tranbärsbröd 77

Dadel och smörbröd 78

Dadel och bananbröd 80

Dadel och apelsinbröd 81

Dadel och nötbröd 82

Dadel tebröd 83

Dadel och valnötsbröd 84

FIG bröd 85

Fikon och Marsala bröd 86

Honung och fikonrullar 87

Heta korsbullar 89

Lincolnshire plommonbröd 91

London smörgåsar 92

Irish Country Loaf 94

Maltbröd 95

Bran maltbröd 96

Fullkornsmaltbröd 97

Fredas nötbröd 98

Paranötsdadelbröd 100

Panastan fruktbröd 102

Pumpabröd 104

Russin bröd 105

Blötlägg russin 106

Rabarber och dadelbröd 107

Risbröd 108

Ris- och nöttebröd 109

Lockiga sockerrullar 111

Selkirk Bannock 113

Sultana och johannesbröd 114

Sultana och apelsinbröd 115

Sultana och sherrybröd 117

Stuga tebröd 118

Tekakor 120

Potatisscones 121

Russin Scones 122

Sirap Scones 123

Sirap och ingefära Scones 124

Sultana Scones 125

Fullkornssirapsscones 126

Yoghurt scones 127

Ost Scones 128

Fullkornsörtscones 129

Salami och ostscones 130

Fullkornsscones 131

Barbadisk Conkies 132

Friterade julkakor 133

Majsmjölskakor 134

Crumpets 135

Munkar 136

Potatismunkar 137

Naan bröd 137

Havre Bannocks 139

Pikelets 140

Easy Drop Scones 141

Lönnlakritsscones 142

Grillscones 143

Ostliknande bakplåtsscones 144

Särskilda skotska pannkakor 145

Skotska fruktpannkakor 146

Scotch apelsinpannkakor 147

Sjunger Hinny 148

Welsh Pies 149

Walesiska pannkakor 150

Mexikanskt kryddat majsbröd 151

Svenskt tunnbröd 152

Ångat råg- och majsbröd 153

Ångat Sockermajsbröd 154

Chapatis av fullkorn 155

Fullkorn Puris 156

mandelkakor 157

Mandel lockar 158

Mandelringar 159

Medelhavets tonsillsprickor 160

Mandel- och chokladkakor 161

Amish frukt- och nötkakor 162

Aniskakor 163

Banan-, havre- och apelsinjuicekakor 164

Grundläggande cookies 165

Krispiga klikakor 166

Sesamkli kakor 167

Brandy kex med kummin 168

Brandy Snaps 169

Smörkakor 170

Butterscotch Cookies 171

Karamellkakor 172

Morot och valnötskakor 173

Morots- och valnötskakor med apelsinglass 174

Körsbärskakor 176

Körsbärs- och mandelringar 177

Chokladsmörkakor 178

Choklad och körsbärsrullar 179

Chocolate chip cookies 180

Kakor med choklad och bananchips 181

Choklad och nötsnacks 182

Amerikanska chocolate chip cookies 183

Chokladkrämer 184

Chokladchips och hasselnötskakor 185

Choklad och muskotkakor 186

Kakor med chokladtoppning 187

Smörgåskakor med kaffe och choklad 188

Julkakor 190

Kokoskakor 191

Majskakor med fruktkräm 192

Cornish kex 193

Helvete vinbärskakor 194

Date Roll Cookies 195

Digestive kex (Graham Crackers) 196

påskkakor 197

Florentinare 198

Choklad florentinare 199

Lyxig Choklad Florentines 200

Fudge nötkakor 201

Tyska iskakor 202

Gingernaps 203

Ingefära kex 204

Pepparkaksmän 205

Ingefärakakor av fullkornsvete 206

Ingefära och riskakor 207

Gyllene kakor 208

Hasselnötskakor 209

Krispiga hasselnötskakor 210

Hasselnöts- och mandelkakor 211

honungskakor 212

Älskling Ratafias 213

Honung och kärnmjölkskex 214

Citronsmörkakor 215

citronkakor 216

Smältande ögonblick 217

Royal Icing

Täcker toppen och sidorna av en 20cm/8in tårta

5 ml/1 tsk citronsaft

2 äggvitor

450 g/1 lb/2 2/3 koppar florsocker (konditorer), siktad

5 ml/1 tesked glycerin (valfritt)

Blanda citronsaft och äggvita och vispa gradvis i florsockret tills glasyren (glasyren) är slät och vit och täcker baksidan av en sked. Några droppar glycerin ser till att glasyren inte blir för skör. Täck med en fuktig trasa och låt stå i 20 minuter så att eventuella luftbubblor kan komma upp till ytan.

Glasyr av denna konsistens kan hällas på kakan och jämnas ut med en kniv doppad i varmt vatten. Tillsätt extra florsocker innan du sprider så att glasyren blir tillräckligt styv för att hålla in toppar.

Sockerfri glasyr

Räcker för att täcka en 15 cm/6 tum kaka

50 g/2 oz/½ kopp fruktos

En nypa salt

1 äggvita

2,5 ml/½ tsk citronsaft

Bearbeta fruktospulvret i en matberedare tills det är lika fint som florsocker. Blanda i saltet. Lägg över i en värmesäker skål och vispa i äggvitan och citronsaften. Placera skålen över en kastrull med lätt sjudande vatten och fortsätt vispa tills det bildas styva toppar. Ta av från värmen och vispa tills det svalnat.

Fondantglasyr

Räcker för att täcka en 8-tums kaka

450 g/1 lb/2 koppar strösocker (superfint) eller sockerbitar

150 ml/¼ pt/2/3 kopp vatten

15 ml/1 msk flytande glukos eller 2,5 ml/½ tsk tartarkräm

Lös upp sockret i vattnet i en stor tjockbottnad kastrull på låg värme. Torka av sidorna av pannan med en borste doppad i kallt vatten för att förhindra att kristaller bildas. Lös upp tartarkrämen i lite vatten och rör ner i pannan. Koka upp och koka stadigt till 115°C/242°F när en droppe glasyr bildar en mjuk boll när den släpps i kallt vatten. Häll långsamt sirapen i en värmesäker skål och låt stå tills ett skinn bildats. Vispa glasyren med en träslev tills den blir ogenomskinlig och fast. Knåda tills den är slät. Värm i en värmesäker skål över en kastrull med varmt vatten för att mjukna innan du använder, om det behövs.

Smörglasyr

Räcker för att fylla och täcka en 8-tums paj

100 g/4 oz/½ kopp smör eller margarin, uppmjukat

225 g/8 oz/11/3 koppar florsocker (konditorer), siktad

30 ml/2 msk mjölk

Vispa smöret eller margarinet tills det är mjukt. Vispa gradvis i florsocker och mjölk tills det är väl blandat.

Chokladsmörfrosting

Räcker för att fylla och täcka en 8-tums paj

30 ml/2 msk kakaopulver (osötad choklad)

15 ml/1 msk kokande vatten

100 g/4 oz/½ kopp smör eller margarin, uppmjukat

225 g/8 oz/11/3 koppar florsocker (konditorer), siktad

15 ml/1 msk mjölk

Blanda kakaon med det kokande vattnet till en pasta och låt svalna. Vispa smöret eller margarinet tills det är mjukt. Vispa gradvis i strösocker-, mjölk- och kakaoblandningen tills den är väl blandad.

Vit choklad smörglasyr

Räcker för att fylla och täcka en 8-tums paj

100 g / 4 oz / 1 kopp vit choklad

100 g/4 oz/½ kopp smör eller margarin, uppmjukat

225 g/8 oz/1 1/3 koppar florsocker (konditorer), siktad

15 ml/1 msk mjölk

Smält chokladen i en värmesäker skål över en kastrull med lätt sjudande vatten och låt svalna något. Vispa smöret eller margarinet tills det är mjukt. Vispa gradvis i florsocker, mjölk och choklad tills det är väl blandat.

Kaffe smörglasyr

Räcker för att fylla och täcka en 8-tums paj

100 g/4 oz/½ kopp smör eller margarin, uppmjukat

225 g/8 oz/1 1/3 koppar florsocker (konditorer), siktad

15 ml/1 msk mjölk

15 ml/1 msk kaffeessens (extrakt)

Vispa smöret eller margarinet tills det är mjukt. Vispa gradvis i florsocker, mjölk och kaffeessens tills det är väl blandat.

Citronsmör frosting

Räcker för att fylla och täcka en 8-tums paj

100 g/4 oz/½ kopp smör eller margarin, uppmjukat

225 g/8 oz/11/3 koppar florsocker (konditorer), siktad

30 ml/2 msk citronsaft

Rivet skal av 1 citron

Vispa smöret eller margarinet tills det är mjukt. Vispa gradvis i florsocker, citronsaft och skal tills det är väl blandat.

Apelsinsmörglasyr

Räcker för att fylla och täcka en 8-tums paj

100 g/4 oz/½ kopp smör eller margarin, uppmjukat

225 g/8 oz/11/3 koppar florsocker (konditorer), siktad

30 ml/2 msk apelsinjuice

Rivet skal av 1 apelsin

Vispa smöret eller margarinet tills det är mjukt. Vispa gradvis ner florsocker, apelsinjuice och skal tills det är väl blandat.

Gräddostfrosting

Räcker för att täcka en 25 cm/9 tum kaka

75 g/3 oz/1/3 kopp färskost

30 ml/2 msk smör eller margarin

350 g/12 oz/2 koppar florsocker (konditorer), siktad

5 ml/1 tsk vaniljessens (extrakt)

Vispa ihop ost och smör eller margarin tills det blir ljust och pösigt. Vispa gradvis i florsocker och vaniljessens tills du har en slät, krämig frosting.

Rågbröd Med Vetegroddar

För en limpa på 450 g/1 lb

15 g/½ oz färsk jäst eller 20 ml/4 tsk torkad jäst

5 ml/1 tsk socker

450 ml/¾ pt/2 koppar varmt vatten

350 g/12 oz/3 koppar rågmjöl

225 g/8 oz/2 koppar vanligt mjöl (all-purpose)

50 g/2 oz/½ kopp vetegroddar

10 ml/2 tsk salt

45 ml/3 msk svart sirap (melass)

15 ml/1 msk olja

Blanda jästen med sockret och lite av det varma vattnet och låt stå på en varm plats tills det skummar. Blanda mjöl, vetegroddar och salt och gör en brunn i mitten. Blanda i jästblandningen med sirap och olja och knåda till en mjuk deg. Vänd ut på en mjölad yta och knåda i 10 minuter tills den är slät och elastisk, eller bearbeta i en matberedare. Lägg i en oljad skål, täck med oljad plastfolie (plastfolie) och låt stå på en varm plats i ca 1 timme tills den är dubbelt så stor.

Knåda igen, forma sedan en limpa och lägg på en smord plåt (kex). Täck med oljad hushållsfilm och låt jäsa tills den fördubblats i volym.

Grädda i en förvärmd ugn vid 220°C/425°F/gasmarkering 7 i 15 minuter. Sänk ugnstemperaturen till 190°C/375°F/gasmärke 5 och grädda i ytterligare 40 minuter tills brödet låter ihåligt när du knackar på botten.

Sally Lunn

Gör två 450 g/1 lb bröd

500 ml/16 fl oz/2 koppar mjölk

25 g/2 msk smör eller margarin

30 ml/2 matskedar (superfint) strösocker

10 ml/2 tsk salt

20 ml/4 tsk torkad jäst

60 ml/4 matskedar varmt vatten

900 g/2 lb/8 koppar starkt vanligt (bröd) mjöl

3 ägg, vispade

Låt mjölken nästan koka upp, tillsätt sedan smör eller margarin, socker och salt och rör om väl. Låt svalna tills det är ljummet. Lös upp jästen i det varma vattnet. Häll mjölet i en stor skål och blanda ner mjölk, jäst och ägg. Blanda till en mjuk deg och knåda tills den är elastisk och inte längre kladdig. Täck med oljad plastfolie (plastfolie) och låt jäsa i 30 minuter.

Knåda degen igen, täck över den och låt den jäsa. Knåda den en tredje gång, täck över och låt den jäsa.

Forma degen och lägg den i två smorda 450 g/1 lb brödformar (formar). Täck över och låt jäsa tills dubbel storlek. Grädda i en förvärmd ugn vid 190°C/375°F/gasmarkering 5 i 45 minuter tills de är gyllenbruna och bröden låter ihåliga när man knackar på dem.

Samos bröd

Gör tre 450g/1lb bröd

15 g/½ oz färsk jäst eller 20 ml/4 tsk torkad jäst

15 ml/1 msk maltextrakt

600 ml/1 pt/2½ koppar varmt vatten

25 g/1 oz/2 msk vegetabiliskt fett (förkortning)

900 g/2 lb/8 koppar fullkornsmjöl (helvete)

30 ml/2 msk mjölkpulver (skummjölkspulver)

10 ml/2 tsk salt

15 ml/1 msk klar honung

50 g/2 oz/½ kopp sesamfrön, rostade

25 g/1 oz/¼ kopp solrosfrön, rostade

Blanda jästen med maltextraktet och lite av det varma vattnet och låt det skumma i 10 minuter på en varm plats. Gnid in fettet i mjölet och mjölkpulvret, rör ner saltet och gör en brunn i mitten. Häll i jästblandningen, det återstående varma vattnet och honungen och knåda ihop till en deg. Knåda väl tills den är slät och elastisk. Tillsätt fröna och knåda i ytterligare 5 minuter tills de är väl blandade. Forma tre 450g/1lb bröd och lägg på en smord bakplåt (kakor). Täck med oljad plastfolie (plastfolie) och låt stå på en varm plats i 40 minuter tills den har dubbelt så stor storlek.

Grädda i en förvärmd ugn vid 230°F/450°F/gasmarkering 8 i 30 minuter tills den är gyllenbrun och låter ihålig när botten knackas.

Sesambaps

Gör 12

25 g / 1 oz färsk jäst eller 40 ml / 2½ matskedar torkad jäst

5 ml/1 tsk (superfint) strösocker

150 ml/¼ pt/2/3 kopp varm mjölk

450 g/1 lb/4 koppar starkt, vanligt (bröd) mjöl

5 ml/1 tsk salt

25 g/1 oz/2 matskedar ister (förkortning)

150 ml/¼ pt/2/3 kopp varmt vatten

30 ml/2 matskedar sesamfrön

Blanda jästen med sockret och lite av den varma mjölken och låt stå på en varm plats tills det skummar. Blanda mjöl och salt i en skål, gnid in ister och gör en brunn i mitten. Häll i jästblandningen, resterande mjölk och vatten och blanda till en mjuk deg. Vänd ut på en mjölad yta och knåda i 10 minuter tills den är slät och elastisk, eller bearbeta i en matberedare. Lägg i en oljad skål, täck med oljad plastfolie (plastfolie) och låt stå på en varm plats i ca 1 timme tills den är dubbelt så stor.

Knåda igen och forma till 12 rullar, platta till dem något och lägg på en smord plåt. Täck med oljad plastfolie (plastfolie) och låt jäsa på en varm plats i 20 minuter.

Pensla med vatten, strö över frön och grädda i en förvärmd ugn vid 220°C/425°F/gasmark 7 i 15 minuter tills de är gyllenbruna.

Surdegsförrätt

Gör cirka 450 g/1 lb

450 ml/¾ pt/2 koppar ljummet vatten

25 g / 1 oz färsk jäst eller 40 ml / 2½ matskedar torkad jäst

225 g/8 oz/2 koppar vanligt mjöl (all-purpose)

2,5 ml/½ tsk salt

Att mata:

225 g/8 oz/2 koppar vanligt mjöl (all-purpose)

450 ml/¾ pt/2 koppar ljummet vatten

Blanda huvudingredienserna i en skål, täck med muslin (ostduk) och låt stå på en varm plats i 24 timmar. Tillsätt 50 g mjöl och 120 ml ljummet vatten, täck över och låt stå i ytterligare 24 timmar. Upprepa detta tre gånger, då ska blandningen lukta surt, och överför den sedan till kylen. Byt ut alla förrätter du använder mot en lika stor blandning av ljummet vatten och mjöl.

Sodabröd

För en limpa på 20 cm/8 tum

450 g/1 lb/4 koppar vanligt mjöl (all-purpose)

10 ml/2 tsk bikarbonat (bakpulver)

10 ml/2 tsk grädde tartar

5 ml/1 tsk salt

25 g/1 oz/2 matskedar ister (förkortning)

5 ml/1 tsk (superfint) strösocker

15 ml/1 msk citronsaft

300 ml/½ pt/1¼ koppar mjölk

Blanda mjöl, läsk, grädde av tartar och salt tillsammans. Gnid in ister tills blandningen liknar ströbröd. Rör ner sockret. Blanda citronsaften med mjölken och rör sedan ner den i de torra ingredienserna tills du har en mjuk deg. Knåda lätt, forma sedan degen till en 20 cm/8in rund form och platta till något. Lägg på mjölat bakbord och markera i fjärdedelar med ett knivblad. Grädda i en förvärmd ugn vid 200°C/400°F/gasmarkering 6 i cirka 30 minuter tills toppen är knaprig. Låt svalna innan servering.

surdegsbröd

Gör två 350g/12oz bröd

250 ml/8 fl oz/1 kopp ljummet vatten

15 ml/1 msk (superfint) strösocker

30 ml/2 msk smält smör eller margarin

15 ml/1 msk salt

250 ml/8 fl oz/1 kopp surdegsförrätt

2,5 ml/½ tsk bikarbonat (bakpulver)

450 g/1 lb/4 koppar vanligt mjöl (all-purpose)

Blanda vatten, socker, smör eller margarin och salt. Blanda surdegsstarten med natriumbikarbonatet och rör ner i blandningen, vispa sedan i mjölet till en fast deg. Knåda degen tills den är slät och satinig, tillsätt lite mer mjöl om det behövs. Lägg i en oljad skål, täck med oljad plastfolie (plastfolie) och låt stå på en varm plats i ca 1 timme tills den är dubbelt så stor.

Knåda lätt igen och forma till två bröd. Lägg på en smord ugnsplåt, täck med oljad hushållsfilm och låt jäsa i ca 40 minuter tills den är dubbelt så stor.

Grädda i en förvärmd ugn vid 190°C/375°F/gasmarkering 5 i cirka 40 minuter tills den är gyllenbrun och låter ihålig när du knackar på botten.

Surdegsrullar

Gör 12

50 g/2 oz/¼ kopp smör eller margarin

175 g/6 oz/1½ koppar allroundmjöl

5 ml/1 tsk salt

2,5 ml/½ tsk bikarbonat (bakpulver)

250 ml/8 fl oz/1 kopp surdegsförrätt

Lite smält smör eller margarin till glasyr

Gnid in smöret eller margarinet i mjölet och saltet tills blandningen liknar ströbröd. Blanda bikarbonatet av läsk i förrätten och rör sedan ner det i mjölet för att göra en styv deg. Knåda tills den är slät och inte längre kladdig. Forma små rullar och lägg dem väl isär på en smord ugnsplåt (kakor). Pensla topparna med smör eller margarin, täck med oljad plastfolie (plastfolie) och låt jäsa ca 1 timme tills den har dubblerats i volym. Grädda i en förvärmd ugn vid 220°C/425°F/gasmarkering 8 i 15 minuter tills de är gyllenbruna.

wienerbröd

Gör ett bröd på 675 g/1½ lb

15 g/½ oz färsk jäst eller 20 ml/4 tsk torkad jäst

5 ml/1 tsk (superfint) strösocker

300 ml/½ pt/1¼ koppar varm mjölk

40 g/1½ oz/3 matskedar smör eller margarin

450 g/1 lb/4 koppar starkt, vanligt (bröd) mjöl

5 ml/1 tsk salt

1 ägg, väl uppvispat

Blanda jästen med sockret och lite av den varma mjölken och låt stå på en varm plats tills det skummar. Smält smöret eller margarinet och tillsätt resten av mjölken. Blanda jästblandningen, smörblandningen, mjöl, salt och ägg till en mjuk deg. Knåda tills den är slät och inte längre kladdig. Lägg i en oljad skål, täck med oljad plastfolie (plastfolie) och låt stå på en varm plats i ca 1 timme tills den är dubbelt så stor.

Knåda degen igen, forma den till en limpa och lägg på en smord plåt (kakor). Täck med oljad hushållsfilm och låt jäsa på en varm plats i 20 minuter.

Grädda i en förvärmd ugn vid 230°C/450°F/gasmarkering 8 i 25 minuter tills den är gyllenbrun och låter ihålig när man knackar på botten.

Fullkornsbröd

Gör två 450 g/1 lb bröd

15 g/½ oz färsk jäst eller 20 ml/4 tsk torkad jäst

5 ml/1 tsk socker

300 ml/½ pt/1¼ koppar varmt vatten

550 g / 5 dl fullkornsmjöl (helvete).

5 ml/1 tsk salt

45 ml/3 msk kärnmjölk

Sesam- eller kummin att strö (valfritt)

Blanda jästen med sockret och lite av det varma vattnet och låt det skumma på en varm plats i 20 minuter. Häll mjöl och salt i en skål och gör en brunn i mitten. Rör ner jästen, resterande vatten och kärnmjölk. Arbeta till en fast deg som lämnar skålens sidor rena, tillsätt lite extra mjöl eller vatten om det behövs. Knåda på en lätt mjölad yta eller i en processor tills den är elastisk och inte längre kladdig. Forma degen till två smorda 450g/1lb brödformar (formar), täck med oljad plastfolie (plastfolie) och låt jäsa i cirka 45 minuter tills degen har jäst precis ovanför formarnas toppar.

Strö över sesam- eller kumminfrön, om du använder. Grädda i en förvärmd ugn vid 230°C/450°F/gasmark 8 i 15 minuter, sänk sedan ugnstemperaturen till 190°C/375°F/gasmark 5 och grädda i ytterligare 25 minuter tills de är gyllenbruna och ihåliga -ljud när på basen knackas.

Honungsbröd av fullkornsvete

För en limpa på 900 g/2 lb

15 g/½ oz färsk jäst eller 20 ml/4 tsk torkad jäst

450 ml/¾ pt/2 koppar varmt vatten

45 ml/3 msk set honung

50 g/2 oz/¼ kopp smör eller margarin

750 g/1½ lb/6 koppar fullkornsmjöl (helvete)

2,5 ml/½ tsk salt

15 ml/1 matsked sesamfrön

Blanda jästen med lite vatten och lite honung och låt skumma på en varm plats i 20 minuter. Gnid in smöret eller margarinet i mjölet och saltet, blanda sedan i jästblandningen och resten av vattnet och honungen tills du har en mjuk deg. Knåda tills den är elastisk och inte längre klibbig. Lägg i en oljad skål, täck med oljad plastfolie (plastfolie) och låt stå på en varm plats i ca 1 timme tills den är dubbelt så stor.

Knåda igen och forma till en smord 900 g/2 lb brödform (form). Täck med oljad hushållsfilm och låt jäsa i 20 minuter tills degen höjs över formen.

Grädda i en förvärmd ugn vid 220°C/425°F/gasmarkering 7 i 15 minuter. Sänk ugnstemperaturen till 190°C/375°F/gasmark 5 och grädda i ytterligare 20 minuter tills brödet är gyllenbrunt och låter ihåligt när man knackar på det.

Snabba fullkornsrullar

Gör 12

20 ml/4 tsk torkad jäst

375 ml/13 fl oz/1½ koppar varmt vatten

50 g/2 oz/¼ kopp mjukt farinsocker

100 g / 4 oz / 1 kopp fullkornsmjöl (helvete)

100 g / 4 oz / 1 kopp vanligt mjöl (alltså)

5 ml/1 tsk salt

Blanda jästen med vattnet och lite socker och låt den bli skummande på en varm plats. Rör ner mjöl och salt med resterande socker och knåda till en mjuk deg. Skeda upp degen i muffinsformar (formar) och låt jäsa i 20 minuter tills degen höjs till toppen av formarna.

Grädda i en förvärmd ugn vid 180°C/350°F/gasmarkering 4 i 30 minuter tills de är väl jäst och gyllenbruna.

Fullkornsbröd med valnötter

För en limpa på 900 g/2 lb

15 g/½ oz färsk jäst eller 20 ml/4 tsk torkad jäst

5 ml/1 tsk mjukt farinsocker

450 ml/¾ pt/2 koppar varmt vatten

450 g / 4 koppar fullkornsmjöl (helvete).

175 g/6 oz/1½ koppar starkt, vanligt (bröd) mjöl

5 ml/1 tsk salt

15 ml/1 msk valnötsolja

100 g / 4 oz / 1 kopp valnötter, grovt hackade

Blanda jästen med sockret och lite av det varma vattnet och låt det skumma på en varm plats i 20 minuter. Blanda mjöl och salt i en skål, tillsätt jästblandningen, oljan och det återstående varma vattnet och knåda till en fast deg. Knåda tills den är slät och inte längre kladdig. Lägg i en oljad skål, täck med oljad plastfolie (plastfolie) och låt stå på en varm plats i ca 1 timme tills den är dubbelt så stor.

Knåda lätt igen och blanda in nötterna, forma sedan en smord 900g/2lb brödform (form), täck med oljad hushållsfilm och låt stå på en varm plats i 30 minuter tills degen har höjt sig över formen.

Grädda i en förvärmd ugn vid 220°C/425°F/gasmarkering 7 i 30 minuter tills den är gyllenbrun och låter ihålig när botten knackas.

Mandelfläta

För en limpa på 450 g/1 lb

15 g/½ oz färsk jäst eller 20 ml/4 tsk torkad jäst

40 g/1½ oz/3 matskedar (superfint) strösocker

100 ml/3½ fl oz/6½ matsked varm mjölk

350 g/12 oz/3 koppar starkt, vanligt (bröd) mjöl

2,5 ml/½ tsk salt

50 g/2 oz/¼ kopp smör eller margarin, smält

1 ägg

För fyllning och glasyr:

50 g/2 oz mandelsmör

45 ml/3 msk aprikossylt (på burk)

50 g / 2 oz / 1/3 kopp russin

50 g/2 oz/½ kopp hackad mandel

1 äggula

Blanda jästen med 5 ml/1 tsk socker och lite mjölk och låt det skumma på en varm plats i 20 minuter. Blanda mjöl och salt i en skål och gör en brunn i mitten. Blanda i jästblandningen, resterande socker och mjölk, det smälta smöret eller margarinet och ägget och blanda till en smidig deg. Knåda tills den är elastisk och inte längre klibbig. Lägg i en oljad skål, täck med oljad plastfolie (plastfolie) och låt stå på en varm plats i ca 1 timme tills den är dubbelt så stor.

På en lätt mjölad yta, kavla ut degen till en rektangel som mäter 30 x 40 cm/12 x 16 tum. Blanda ingredienserna till fyllningen förutom äggulan och arbeta tills den är slät, dela sedan en tredjedel av degen i mitten. På utsidan skär du två tredjedelar av degen diagonalt från kanterna mot fyllningen, cirka 2 cm/¾ från varandra. Vik omväxlande vänster och höger remsor över fyllningen och fäst ihop ändarna. Lägg på en smord plåt, täck över och låt stå på en varm plats i 30 minuter tills den är dubbelt så stor. Pensla med äggula och grädda i en förvärmd ugn vid 190°C/375°F/gasmark 5 i 30 minuter tills de är gyllenbruna.

Briocher

Gör 12

15 g/½ oz färsk jäst eller 20 ml/4 tsk torkad jäst

30 ml/2 msk varmt vatten

2 ägg, lätt vispade

225 g/8 oz/2 koppar starkt, vanligt (bröd) mjöl

15 ml/1 msk (superfint) strösocker

2,5 ml/½ tsk salt

50 g/2 oz/¼ kopp smör eller margarin, smält

Blanda jäst, vatten och ägg, rör sedan ner mjöl, socker, salt och smör eller margarin och blanda till en mjuk deg. Knåda tills den är elastisk och inte längre klibbig. Lägg i en oljad skål, täck över och låt stå på en varm plats tills den fördubblats i storlek, ca 1 timme.

Knåda igen, dela i 12 bitar och bryt varje bit till en boll. Forma de större bitarna till bollar och lägg dem i 7,5 cm/3 i räfflade brioche- eller muffinsformar (pannor). Tryck rakt igenom degen med ett finger och tryck sedan ut resterande degbollar på den. Täck över och låt stå på en varm plats i ca 30 minuter tills degen kommer strax ovanför ramekins toppar.

Grädda i en förvärmd ugn vid 230°C/450°F/gasmarkering 8 i 10 minuter tills de är gyllenbruna.

Flätad brioche

Gör ett bröd på 675 g/1½ lb

25 g / 1 oz färsk jäst eller 40 ml / 2½ matskedar torkad jäst

5 ml/1 tsk (superfint) strösocker

250 ml/8 fl oz/1 kopp varm mjölk

675 g/1½ lb/6 koppar starkt, vanligt (bröd) mjöl

5 ml/1 tsk salt

1 ägg, uppvispat

150 ml/¼ pt/2/3 kopp varmt vatten

1 äggula

Blanda jästen med sockret med lite av den varma mjölken och låt det skumma på en varm plats i 20 minuter. Blanda mjöl och salt och gör en brunn i mitten. Tillsätt ägget, jästblandningen, den återstående varma mjölken och tillräckligt mycket av det varma vattnet för att blandas till en mjuk deg. Knåda tills den är mjuk och inte längre kladdig. Lägg i en oljad skål, täck med oljad plastfolie (plastfolie) och låt stå på en varm plats i ca 1 timme tills den är dubbelt så stor.

Knåda degen lätt och dela den i fjärdedelar. Rulla tre bitar till tunna remsor ca 14 tum (38 cm) långa. Fukta ena änden av varje remsa och tryck ihop dem, fläta sedan ihop remsorna, fukta och fäst ändarna. Lägg på en smord plåt (kakor). Dela resten av degen i tredjedelar, kavla ut till 38cm/15 remsor och fläta ihop på samma sätt till en tunnare fläta. Vispa äggulan med 15 ml/1 msk vatten och pensla den stora flätan med det. Tryck försiktigt på den mindre flätan och pensla med äggglasyren. Täck över och låt jäsa på en varm plats i 40 minuter.

Grädda i en förvärmd ugn vid 200°C/400°F/gasmarkering 6 i 45 minuter tills den är gyllenbrun och låter ihålig när man knackar på botten.

Äppelbriocher

Gör 12

Till degen:

15 g/½ oz färsk jäst eller 10 ml/2 tsk torkad jäst

75 ml/5 msk varm mjölk

100 g / 4 oz / 1 kopp fullkornsmjöl (helvete)

350 g/12 oz/3 koppar starkt, vanligt (bröd) mjöl

30 ml/2 msk klar honung

4 ägg

En nypa salt

200 g/7 oz/lite 1 kopp smör eller margarin, smält

För fyllningen:

75 g äppelmos (sås)

25 g/1 oz/¼ kopp hela vete (hel vete) brödsmulor

25 g/3 oz/½ kopp sultanor (gyllene russin)

2,5 ml/½ tsk mald kanel

1 ägg, uppvispat

För att göra degen, blanda jästen med den varma mjölken och fullkornsmjölet och låt jäsa på en varm plats i 20 minuter. Tillsätt mjöl, honung, ägg och salt och knåda väl. Häll över det smälta smöret eller margarinet och fortsätt knåda tills degen är elastisk och smidig. Lägg i en oljad skål, täck med oljad plastfolie (plastfolie) och låt stå på en varm plats i ca 1 timme tills den är dubbelt så stor.

Blanda alla fyllningsingredienser utom ägget. Forma degen till 12 bitar, skär sedan en tredjedel av varje bit. Forma de större bitarna så att de passar smorda, räfflade brioche- eller muffinsformar (pannor). Stick ett stort hål igenom nästan till basen med ett finger- eller gaffelhandtag och fyll med fyllningen. Forma var och en av de mindre degbitarna till en boll, fukta toppen av degen och tryck på fyllningen för att täta in den i briochen. Täck över och låt stå på en varm plats i 40 minuter tills nästan dubbelt så stor.

Pensla med uppvispat ägg och grädda i en förvärmd ugn vid 220°C/425°F/gasmarkering 7 i 15 minuter tills de är gyllenbruna.

Tofu och nötbriocher

Gör 12

Till degen:

15 g/½ oz färsk jäst eller 20 ml/4 tsk torkad jäst

75 ml/5 msk varm mjölk

100 g / 4 oz / 1 kopp fullkornsmjöl (helvete)

350 g/12 oz/3 koppar starkt, vanligt (bröd) mjöl

30 ml/2 tsk klar honung

4 ägg

En nypa salt

200 g/7 oz/lite 1 kopp smör eller margarin, smält

För fyllningen:

50 g/2 oz/¼ kopp tofu, tärnad

25 g/1 oz/¼ kopp cashewnötter, rostade och hackade

25 g/1 oz hackade blandade grönsaker

½ lök, hackad

1 vitlöksklyfta, hackad

2,5 ml/½ tsk torkade blandade örter

2,5 ml/½ tsk fransk senap

1 ägg, uppvispat

För att göra degen, blanda jästen med den varma mjölken och fullkornsmjölet och låt jäsa på en varm plats i 20 minuter. Tillsätt mjöl, honung, ägg och salt och knåda väl. Häll över det smälta smöret eller margarinet och fortsätt knåda tills degen är elastisk och smidig. Lägg i en oljad skål, täck med oljad plastfolie (plastfolie) och låt stå på en varm plats i ca 1 timme tills den är dubbelt så stor.

Blanda alla fyllningsingredienser utom ägget. Forma degen till 12 bitar, skär sedan en tredjedel av varje bit. Forma de större bitarna så att de passar smorda, räfflade brioche- eller muffinsformar (pannor). Stick ett stort hål igenom nästan till basen med ett finger- eller gaffelhandtag och fyll med fyllningen. Forma var och en av de mindre degbitarna till en boll, fukta toppen av degen och tryck på fyllningen för att täta in den i briochen. Täck över och låt stå på en varm plats i 40 minuter tills nästan dubbelt så stor.

Pensla med uppvispat ägg och grädda i en förvärmd ugn vid 220°C/425°F/gasmarkering 7 i 15 minuter tills de är gyllenbruna.

Chelsea bullar

Gör 9

225 g/8 oz/2 koppar starkt, vanligt (bröd) mjöl

5 ml/1 tsk (superfint) strösocker

15 g/½ oz färsk jäst eller 20 ml/4 tsk torkad jäst

120 ml/4 fl oz/½ kopp varm mjölk

En nypa salt

15 g/1 msk smör eller margarin

1 ägg, uppvispat

För fyllningen:

75 g/3 oz/½ kopp blandad torkad frukt (fruktkakamix)

25 g/1 oz/3 matskedar hackat blandat (kanderat) skal

50 g/2 oz/¼ kopp mjukt farinsocker

Lite klar honung för glasering

Blanda 50 g mjöl, strösockret, jäst och lite mjölk och låt stå på en varm plats i 20 minuter tills det skummar. Blanda resterande mjöl och salt och gnid in smöret eller margarinet. Blanda i ägg, jästblandning och resterande varma mjölk och blanda till en deg. Knåda tills den är elastisk och inte längre klibbig. Lägg i en oljad skål, täck med oljad plastfolie (plastfolie) och låt stå på en varm plats i ca 1 timme tills den är dubbelt så stor.

Knåda igen och kavla ut till en rektangel som mäter 33 x 23 cm/13 x 9 cm. Blanda alla ingredienser till fyllningen utom honungen och bred över degen. Rulla ihop från ena långsidan och täta kanten med lite vatten. Skär rullen i nio lika stora bitar och lägg dem i en lätt smord ugnsform. Täck över och låt stå på en varm plats i 30 minuter tills dubbel storlek.

Grädda i en förvärmd ugn vid 190°C/375°F/gasmarkering 5 i 25 minuter tills de är gyllenbruna. Ta ut ur ugnen, pensla med honung och låt svalna.

kaffebullar

Gör 16

225 g/1 dl smör eller margarin

450 g / 4 koppar fullkornsmjöl (helvete).

20 ml/4 tsk bakpulver

5 ml/1 tsk salt

225 g/8 oz/1 kopp mjukt farinsocker

2 ägg, lätt vispade

100 g/4 oz/2/3 kopp vinbär

5 ml/1 tsk snabbkaffepulver

15 ml/1 msk varmt vatten

75 ml/5 msk klar honung

Gnid in smöret eller margarinet i mjölet, bakpulvret och saltet tills blandningen liknar ströbröd. Rör ner sockret. Vispa i äggen till en mjuk men inte kladdig deg, blanda sedan i vinbären. Lös upp kaffepulvret i det varma vattnet och tillsätt till degen. Forma till 16 tillplattade bollar och lägg dem väl isär på en smord bakplåt (kakor). Tryck ett finger i mitten av varje bulle och tillsätt en tesked honung. Grädda i en förvärmd ugn vid 220°C/425°F/gasmark 7 i 10 minuter tills den är ljus och gyllenbrun.

Crème Fraîche bröd

Gör två 450 g/1 lb bröd

25 g / 1 oz färsk jäst eller 40 ml / 2½ matskedar torkad jäst

75 g/3 oz/1/3 kopp mjukt farinsocker

60 ml/4 matskedar varmt vatten

60 ml/4 matskedar crème fraîche, i rumstemperatur

350 g/12 oz/3 koppar allroundmjöl

5 ml/1 tsk salt

En nypa riven muskotnöt

3 ägg

50 g/2 oz/¼ kopp smör eller margarin

Lite mjölk och socker till glasyr

Blanda jästen med 5 ml/1 tsk socker och det varma vattnet och låt det skumma på en varm plats i 20 minuter. Rör ner crème fraichen i jästen. Lägg mjöl, salt och muskot i en skål och gör en brunn i mitten. Blanda i jästblandningen, ägg och smör och knåda till en mjuk deg. Knåda tills den är slät och elastisk. Lägg i en oljad skål, täck med oljad plastfolie (plastfolie) och låt stå på en varm plats i ca 1 timme tills den är dubbelt så stor.

Knåda degen igen och forma den sedan till två 450 g/1 lb brödformar (formar). Täck över och låt stå på en varm plats i 35 minuter tills den fördubblats i storlek.

Pensla brödens toppar med lite mjölk och strö över socker. Grädda i en förvärmd ugn vid 180°C/350°F/gasmarkering 4 i 30 minuter. Låt svalna i formen i 10 minuter och vänd sedan upp på ett galler för att svalna.

Croissanter

Gör 12

25 g/1 oz/2 matskedar ister (förkortning)

450 g/1 lb/4 koppar starkt, vanligt (bröd) mjöl

2,5 ml/½ tsk (superfint) strösocker

10 ml/2 tsk salt

25 g / 1 oz färsk jäst eller 40 ml / 2½ matskedar torkad jäst

250 ml/8 fl oz/1 kopp varmt vatten

2 ägg, lätt vispade

100 g/4 oz/½ kopp smör eller margarin, skuren i tärningar

Gnid in isteret i mjölet, sockret och saltet tills blandningen liknar ströbröd och gör sedan en brunn i mitten. Blanda jästen med vattnet och tillsätt mjölet med ett av äggen. Arbeta ihop blandningen tills du har en mjuk deg som lämnar skålens sidor rena. Vänd ut på en lätt mjölad yta och knåda tills den är slät och inte längre kladdig. Kavla ut degen till en remsa som mäter 20 x 50 cm/8 x 20 tum. Pensla de översta två tredjedelarna av degen med en tredjedel av smöret eller margarinet, lämna ett tunt gap runt kanten. Vik den osmörta delen av degen över nästa tredjedel och vik sedan ned den översta tredjedelen. Tryck ihop kanterna för att täta och rotera degen ett kvarts varv så att den vikta kanten ligger på din vänstra hand. Upprepa processen med nästa tredjedel av smöret eller margarinet, vik ihop och upprepa en gång till så att du har förbrukat allt fett. Lägg den vikta degen i en oljad plastpåse och låt den svalna i 30 minuter.

Rulla, vik och vänd degen tre gånger till utan att tillsätta fett. Återgå till påsen och låt svalna i 30 minuter.

Kavla ut degen till en rektangel som mäter 40 x 38 cm/16 x 15 tum, putsa kanterna och skär i 12 15 cm/6 trianglar. Pensla trianglarna med lite uppvispat ägg och rulla ihop dem från botten, böj dem sedan till halvmåneformar och lägg dem väl isär på en smord ugnsplåt. Pensla topparna med ägg, täck över och låt stå på en varm plats i ca 30 minuter.

Pensla topparna igen med ägg och grädda sedan i en förvärmd ugn vid 230°C/425°F/gasmarkering 7 i 15-20 minuter tills de är gyllenbruna och pösigt.

Sultana croissanter av fullkornsvete

Gör 12

25 g/1 oz/2 matskedar ister (förkortning)

225 g/8 oz/2 koppar starkt, vanligt (bröd) mjöl

225 g / 8 oz / 2 koppar fullkornsmjöl (helvete)

10 ml/2 tsk salt

25 g / 1 oz färsk jäst eller 40 ml / 2½ matskedar torkad jäst

300 ml/½ pt/1¼ koppar varmt vatten

2 ägg, lätt vispade

100 g/4 oz/½ kopp smör eller margarin, skuren i tärningar

45 ml/3 msk sultanor (gyllene russin)

2,5 ml/½ tsk (superfint) strösocker

Gnid in isteret i mjölet och saltet tills blandningen liknar ströbröd och gör sedan en brunn i mitten. Blanda jästen med vattnet och tillsätt mjölet med ett av äggen. Arbeta ihop blandningen tills du har en mjuk deg som lämnar skålens sidor rena. Vänd ut på en lätt mjölad yta och knåda tills den är slät och inte längre kladdig. Kavla ut degen till en remsa som mäter 20 x 50 cm/8 x 20 tum. Pensla de översta två tredjedelarna av degen med en tredjedel av smöret eller margarinet, lämna ett tunt gap runt kanten. Vik den osmörta delen av degen över nästa tredjedel och vik sedan ned den översta tredjedelen. Tryck ihop kanterna för att täta och rotera degen ett kvarts varv så att den vikta kanten ligger på din vänstra hand. Upprepa processen med nästa tredjedel av smöret eller margarinet, vik ihop och upprepa en gång till så att du har förbrukat allt fett. Lägg den vikta degen i en oljad plastpåse och låt den svalna i 30 minuter.

Rulla, vik och vänd degen tre gånger till utan att tillsätta fett. Återgå till påsen och låt svalna i 30 minuter.

Kavla ut degen till en rektangel som mäter 40 x 38 cm/16 x 15 tum, putsa kanterna och skär i tolv 15 cm/6 trianglar. Pensla trianglarna med lite uppvispat ägg, strö över sultan och socker och rulla ihop från botten, böj dem till halvmånar och lägg dem väl isär på en smord bakplåt. Pensla topparna med ägg, täck över och låt stå på en varm plats i 30 minuter.

Pensla topparna igen med ägg och grädda sedan i en förvärmd ugn vid 230°C/425°F/gasmarkering 7 i 15-20 minuter tills de är gyllenbruna och pösigt.

Skogsrundor

Gör tre 350g/12oz bröd

450 g / 4 koppar fullkornsmjöl (helvete).

20 ml/4 tsk bakpulver

45 ml/3 msk johannesbrödpulver

5 ml/1 tsk salt

50 g/2 oz/½ kopp malda hasselnötter

50 g/2 oz/½ kopp hackade blandade nötter

75 g/3 oz/1/3 kopp vegetabiliskt fett (förkortning)

75 g/3 oz/¼ kopp klar honung

300 ml/½ pt/1¼ koppar mjölk

2,5 ml/½ tsk vaniljessens (extrakt)

1 ägg, uppvispat

Blanda de torra ingredienserna och gnid sedan in det vegetabiliska fettet. Lös upp honungen i mjölken och vaniljessensen och blanda den med de torra ingredienserna till en mjuk deg. Forma till tre rundlar och platta till något. Skär varje bröd delvis i sex delar och pensla med uppvispat ägg. Lägg på en smord bakplåt (kex) och grädda i en förvärmd ugn vid 230°C/450°F/gasmark 8 i 20 minuter tills de är väl jäst och gyllenbruna.

Nötaktig twist

För en limpa på 450 g/1 lb

Till degen:

15 g/½ oz färsk jäst eller 20 ml/4 tsk torkad jäst

40 g/1½ oz/3 matskedar (superfint) strösocker

100 ml/6 ½ matskedar varm mjölk

350 g/12 oz/3 koppar starkt, vanligt (bröd) mjöl

2,5 ml/½ tsk salt

50 g/2 oz/¼ kopp smör eller margarin, smält

1 ägg

För fyllning och glasyr:

100 g / 4 oz / 1 kopp mald mandel

2 äggvitor

50 g/2 oz/¼ kopp (superfint) socker

2,5 ml/½ tsk mald kanel

100 g / 4 oz / 1 kopp malda hasselnötter

1 äggula

För att göra degen, blanda jästen med 5 ml/1 tsk socker och lite mjölk och låt den skumma på en varm plats i 20 minuter. Blanda mjöl och salt i en skål och gör en brunn i mitten. Blanda i jästblandningen, resterande socker och mjölk, det smälta smöret eller margarinet och ägget och blanda till en smidig deg. Knåda tills den är elastisk och inte längre klibbig. Lägg i en oljad skål, täck med oljad plastfolie (plastfolie) och låt stå på en varm plats i ca 1 timme tills den är dubbelt så stor.

På en lätt mjölad yta, kavla ut degen till en rektangel som mäter 30 x 40 cm/12 x 16 tum. Blanda ingredienserna till fyllningen, förutom äggulan, till en smidig deg och bred ut den över degen, strax under kanterna. Pensla kanterna med lite äggula och rulla upp degen från långsidan. Skär degen exakt på mitten på längden och vrid ihop de två delarna för att täta ändarna. Lägg på en smord plåt, täck över och låt stå på en varm plats i 30 minuter tills den är dubbelt så stor. Pensla med äggula och grädda i en förvärmd ugn vid 190°C/375°F/gasmark 5 i 30 minuter tills de är gyllenbruna.

Apelsinrullar

Gör 24

Till degen:

25 g / 1 oz färsk jäst eller 40 ml / 2½ matskedar torkad jäst

120 ml/4 fl oz/½ kopp varmt vatten

75 g/3 oz/1/3 kopp strösocker (superfint).

100 g/4 oz/½ kopp ister (förkortning), tärnad

5 ml/1 tsk salt

250 ml/8 fl oz/1 kopp varm mjölk

60 ml/4 matskedar apelsinjuice

30 ml/2 msk rivet apelsinskal

2 ägg, vispade

675 g/1½ lb/6 koppar starkt, vanligt (bröd) mjöl

För glasyren (glasyren):

250 g/9 oz/1½ koppar florsocker (konditorer)

5 ml/1 tsk rivet apelsinskal

30 ml/2 msk apelsinjuice

För att göra degen, lös upp jästen i det varma vattnet med 5 ml/1 tsk socker och låt den bli skum. Blanda ister med resterande socker och salt. Rör ner mjölk, apelsinjuice, skal och ägg och rör sedan ner i jästblandningen. Tillsätt mjölet lite i taget och blanda till en fast deg. Knåda väl. Lägg i en smord skål, täck med oljad plastfolie (plastfolie) och låt stå på en varm plats i ca 1 timme tills den är dubbelt så stor.

Kavla ut till ca 2 cm tjocklek och skär ut rundlar med en kakform. Lägg isär en liten bit på en smord plåt och låt stå på en varm plats i 25 minuter. Låt svalna.

Till glasyren, lägg sockret i en skål och blanda i apelsinskalet. Rör gradvis i apelsinjuicen tills du har en styv glasyr. Skeda över bullarna när de svalnat och låt stelna.

Smärta Choklad

Gör 12

25 g/1 oz/2 matskedar ister (förkortning)

450 g/1 lb/4 koppar starkt, vanligt (bröd) mjöl

2,5 ml/½ tsk (superfint) strösocker

10 ml/2 tsk salt

25 g / 1 oz färsk jäst eller 40 ml / 2½ matskedar torkad jäst

250 ml/8 fl oz/1 kopp varmt vatten

2 ägg, lätt vispade

100 g/4 oz/½ kopp smör eller margarin, skuren i tärningar

100 g/4 oz/1 kopp mörk (halvsöt) choklad, delad i 12 bitar

Gnid in isteret i mjölet, sockret och saltet tills blandningen liknar ströbröd och gör sedan en brunn i mitten. Blanda jästen med vattnet och tillsätt mjölet med ett av äggen. Arbeta ihop blandningen tills du har en mjuk deg som lämnar skålens sidor rena. Vänd ut på en lätt mjölad yta och knåda tills den är slät och inte längre kladdig. Kavla ut degen till en remsa som mäter 20 x 50 cm/8 x 20 tum. Pensla de översta två tredjedelarna av degen med en tredjedel av smöret eller margarinet, lämna ett tunt gap runt kanten. Vik den osmörta delen av degen över nästa tredjedel uppåt, vik sedan den övre tredjedelen nedåt, tryck ihop kanterna för att täta och vrid degen ett kvarts varv så att den vikta kanten är på din vänstra hand. Upprepa processen med nästa tredjedel av smöret eller margarinet, vik ihop och upprepa en gång till så att du har förbrukat allt fett. Lägg den vikta degen i en oljad plastpåse och låt den svalna i 30 minuter.

Rulla, vik och vänd degen tre gånger till utan att tillsätta fett. Återgå till påsen och låt svalna i 30 minuter.

Dela degen i 12 bitar och kavla ut till rektanglar ca 5 cm breda och 5 mm tjocka. Lägg en bit choklad i mitten av varje och rulla ihop den, omslut chokladen. Lägg dem väl isär på en smord bakplåt (kakor). Pensla topparna med ägg, täck över och låt stå på en varm plats i 30 minuter.

Pensla topparna igen med ägg och grädda sedan i en förvärmd ugn vid 230°C/425°F/gasmarkering 7 i 15-20 minuter tills de är gyllenbruna och pösigt.

Pandolce

Gör två 675 g/1½ lb bröd

175 g/6 oz/1 kopp russin

45 ml/3 msk Marsala eller söt sherry

25 g / 1 oz färsk jäst eller 40 ml / 2½ matskedar torkad jäst

175 g/6 oz/¾ kopp (superfint) socker

400 ml/14 fl oz/1¾ koppar varm mjölk

900 g/2 lb/8 koppar vanligt mjöl (all-purpose)

En nypa salt

45 ml/3 msk apelsinblomvatten

75 g/3 oz/1/3 kopp smör eller margarin, smält

50 g/2 oz/½ kopp pinjenötter

50 g/2 oz/½ kopp pistagenötter

10 ml/2 tsk malda fänkålsfrön

50 g/2 oz/1/3 kopp kristalliserat (kanderat) citronskal, hackat

Rivet skal av 1 apelsin

Blanda russinen och Marsala och blötlägg. Blanda jästen med 5 ml/1 tsk socker och lite varm mjölk och låt den skumma på en varm plats i 20 minuter. Blanda mjöl, salt och resterande socker i en skål och gör en brunn i mitten. Blanda i jästblandningen, den återstående varma mjölken och apelsinblomsvattnet. Tillsätt det smälta smöret eller margarinet och blanda till en mjuk deg. Knåda på en lätt mjölad yta tills den är elastisk och inte längre kladdig. Lägg i en oljad skål, täck med oljad plastfolie (plastfolie) och låt stå på en varm plats i ca 1 timme tills den är dubbelt så stor.

Tryck eller kavla ut degen på en lätt mjölad yta till en tjocklek av ca 1 cm. Strö över russin, nötter, fänkålsfrö, citron och apelsinskal.

Rulla ihop degen, tryck eller rulla ut den och rulla ihop den igen. Forma en runda och lägg på en smord plåt (kakor). Täck med oljad hushållsfilm och låt stå på en varm plats i ca 1 timme tills den fördubblats i storlek.

Skär ett trekantigt snitt i toppen av brödet och grädda sedan i en förvärmd ugn vid 190°C/375°F/gasmarkering 5 i 20 minuter. Sänk ugnstemperaturen till 160°C/325°F/325°F/gasmarkering 3 och grädda i ytterligare 1 timme tills de låter gyllenbruna och ihåliga när du knackar på botten.

Panettone

Gör en 23cm/9in tårta

40 g/1½ oz färsk jäst eller 60 ml/4 msk torkad jäst

150 g/5 oz/2/3 kopp (superfint) socker

300 ml/½ pt/1¼ koppar varm mjölk

225 g / 8 oz / 1 kopp smör eller margarin, smält

5 ml/1 tsk salt

Rivet skal av 1 citron

En nypa riven muskotnöt

6 äggulor

675 g/1½ lb/6 koppar starkt, vanligt (bröd) mjöl

175 g/6 oz/1 kopp russin

175 g / 6 oz / 1 kopp hackat blandat (kanderat) skal

75 g/3 oz/¼ kopp mandel, hackad

Blanda jästen med 5 ml/1 tsk socker med lite av den varma mjölken och låt den skumma på en varm plats i 20 minuter. Blanda det smälta smöret med resterande socker, salt, citronskal, muskotnöt och äggulor. Rör ner blandningen i mjölet med jästblandningen och blanda till en smidig deg. Knåda tills det inte längre är kladdigt. Lägg i en oljad skål, täck med oljad plastfolie (plastfolie) och låt stå på en varm plats i 20 minuter. Rör ihop russin, blandat skal och mandel och blanda i degen. Täck igen och låt stå på en varm plats i ytterligare 30 minuter.

Knåda degen lätt och forma den sedan till en smord och smord 23cm/9 djup kakform (form). Täck över och låt stå på en varm plats i 30 minuter tills degen höjs en bra bit över formen. Grädda i en förvärmd ugn vid 190°C/375°F/gasmarkering 5 i 1½ timme tills ett spett som sticks in i mitten kommer ut rent.

Äppel- och dadelbröd

För en limpa på 900 g/2 lb

350 g/12 oz/3 koppar självhöjande mjöl

50 g/2 oz/¼ kopp mjukt farinsocker

5 ml/1 tsk blandade (äppelpaj) örter

5 ml/1 tsk mald kanel

2,5 ml/½ tsk riven muskotnöt

En nypa salt

1 stort kokande (skarpt) äpple, skalat, urkärnat och hackat

175 g / 6 oz / 1 kopp urkärnade (urkärnade) dadlar, hackade

Rivet skal av ½ citron

2 ägg, lätt vispade

150 ml/¼ pt/2/3 kopp yoghurt

Blanda de torra ingredienserna och rör ner äpple, dadlar och citronskal. Gör en brunn i mitten, tillsätt ägg och yoghurt och blanda gradvis till en deg. Vänd ut på en lätt mjölad yta och forma till en smord och mjölad 900g/2lb brödform (form). Grädda i en förvärmd ugn vid 160°C/325°F/gasmarkering 3 i 1½ timme tills de är väl jäst och gyllenbruna. Låt svalna i formen i 5 minuter och vänd sedan upp på ett galler för att svalna.

Äppel- och sultanabröd

Gör tre 350g/12oz bröd

25 g / 1 oz färsk jäst eller 40 ml / 2½ matskedar torkad jäst

10 ml/2 tsk maltextrakt

375 ml/13 fl oz/1½ koppar varmt vatten

450 g / 4 koppar fullkornsmjöl (helvete).

5 ml/1 tsk sojamjöl

50 g/2 oz/½ kopp havregryn

2,5 ml/½ tsk salt

25 g/1 oz/2 matskedar mjukt farinsocker

15 ml/1 msk ister (förkortning)

225 g kokande (skarpa) äpplen, skalade, urkärnade och hackade

400 g/14 oz/21/3 koppar sultanas (gyllene russin)

2,5 ml/½ tsk mald kanel

1 ägg, uppvispat

Blanda jästen med maltextraktet och lite av det varma vattnet och låt stå tills det skummar på en varm plats. Blanda mjöl, havre, salt och socker, gnid in ister och gör en brunn i mitten. Blanda i jästblandningen och det återstående varma vattnet och knåda till en smidig deg. Blanda i äpplena, sultanerna och kanelen. Knåda tills den är elastisk och inte längre klibbig. Lägg degen i en oljad skål och täck med oljad plastfolie (plastfolie). Låt stå på en varm plats i 1 timme tills den fördubblats i storlek.

Knåda degen lätt, forma den sedan till tre rundlar och platta till den något, lägg sedan på en smord plåt (kakor). Pensla topparna med uppvispat ägg och grädda i en förvärmd ugn vid 230°C/450°F/gasmarkering 8 i 35 minuter tills de är väl jäst och låter ihåliga när botten knackas.

Överraskningar med äpple och kanel

Gör 10

Till degen:

25 g / 1 oz färsk jäst eller 40 ml / 2½ matskedar torkad jäst

75 g/3 oz/1/3 kopp mjukt farinsocker

300 ml/½ pt/1¼ koppar varmt vatten

450 g / 4 koppar fullkornsmjöl (helvete).

2,5 ml/½ tsk salt

25 g/1 oz/¼ kopp mjölkpulver (skummad torrmjölk)

5 ml/1 tsk malda blandade (äppelpaj) kryddor

5 ml/1 tsk mald kanel

75 g/3 oz/1/3 kopp smör eller margarin

15 ml/1 msk rivet apelsinskal

1 ägg

För fyllningen:

450 g kokande (skarpa) äpplen, skalade, urkärnade och grovt hackade

75 g/3 oz/½ kopp sultanor (gyllene russin)

5 ml/1 tsk mald kanel

För glasyren:

15 ml/1 msk klar honung

30 ml/2 matskedar (superfint) strösocker

För att göra degen, blanda jästen med lite socker och lite av det varma vattnet och låt skumma på en varm plats i 20 minuter. Blanda mjöl, salt, mjölkpulver och kryddor. Gnid in smöret eller margarinet, rör ner apelsinskalet och gör en brunn i mitten. Tillsätt jästblandningen, det återstående varma vattnet och ägget och blanda till en smidig deg. Lägg i en oljad skål, täck med oljad plastfolie (plastfolie) och låt stå på en varm plats i 1 timme tills den är dubbelt så stor.

Till fyllningen, koka äpplena och sultanerna i en panna med kanel och lite vatten tills de är mjuka och mosade.

Forma degen till 10 rullar, tryck in fingret i mitten och skeda i lite av fyllningen, stäng sedan degen runt fyllningen. Lägg på en smord bakplåt, täck med oljad hushållsfilm och låt stå på en varm plats i 40 minuter. Grädda i en förvärmd ugn vid 230°C/450°F/gasmarkering 8 i 15 minuter tills de har fått en väl genomstekt. Pensla med honung, strö över socker och låt svalna.

Aprikos te bröd

För en limpa på 900 g/2 lb

225 g / 8 oz / 2 koppar självhöjande (självjäsande) mjöl

100 g/4 oz/2/3 kopp torkade aprikoser

50 g/2 oz/½ kopp mandel, hackad

50 g/2 oz/¼ kopp mjukt farinsocker

50 g/2 oz/¼ kopp smör eller margarin

100 g / 4 oz / 1/3 kopp gyllene (ljus majs) sirap

1 ägg

75 ml/5 msk mjölk

Blötlägg aprikoserna i varmt vatten i 1 timme, låt rinna av och hacka fint.

Blanda mjöl, aprikoser, mandel och socker. Smält smöret eller margarinet och sirapen. Tillsätt de torra ingredienserna tillsammans med ägget och mjölken. Häll upp i en smord och fodrad 900g/2lb brödform och grädda i en förvärmd ugn vid 180°C/350°F/gasmark 4 i 1 timme tills den är gyllenbrun och fast vid beröring.

Aprikos och apelsinbröd

För en limpa på 900 g/2 lb

175 g / 6 oz / 1 kopp torkade aprikoser utan blötläggning, hackade

150 ml/¼ pt/2/3 kopp apelsinjuice

400 g/14 oz/3½ koppar vanligt mjöl (all-purpose)

175 g/6 oz/¾ kopp (superfint) socker

100 g/4 oz/2/3 kopp russin

7,5 ml/1½ tesked bakpulver

2,5 ml/½ tsk bikarbonat (bakpulver)

2,5 ml/½ tsk salt

Rivet skal av 1 apelsin

1 ägg, lätt uppvispat

25 g/2 msk smör eller margarin, smält

Blötlägg aprikoserna i apelsinjuicen. Lägg de torra ingredienserna och apelsinskalet i en skål och gör en brunn i mitten. Blanda i aprikoser och apelsinjuice, ägget och det smälta smöret eller margarinet och arbeta till en hård blandning. Häll upp i en smord och fodrad 900g/2lb brödform och grädda i en förvärmd ugn vid 180°C/350°F/gasmark 4 i 1 timme tills den är gyllenbrun och fast vid beröring.

Aprikos och valnötsbröd

För en limpa på 900 g/2 lb

15 g/½ oz färsk jäst eller 20 ml/4 tsk torkad jäst

30 ml/2 msk klar honung

300 ml/½ pt/1¼ koppar varmt vatten

25 g/2 msk smör eller margarin

225 g / 8 oz / 2 koppar fullkornsmjöl (helvete)

225 g/8 oz/2 koppar vanligt mjöl (all-purpose)

5 ml/1 tsk salt

75 g/3 oz/¾ kopp valnötter, hackade

175 g/6 oz/1 kopp färdiga torkade aprikoser, hackade

Blanda jästen med lite honung och lite vatten och låt skumma i 20 minuter på en varm plats. Gnid in smöret eller margarinet i mjölet och saltet och gör en brunn i mitten. Blanda i jästblandningen och resterande honung och vatten och knåda till en deg. Blanda i valnötterna och aprikoserna och knåda tills de är slät och inte längre kladdig. Lägg i en oljad skål, täck över och låt stå på en varm plats i 1 timme tills den fördubblats i storlek.

Knåda degen igen och forma den till en smord 900g/2lb brödform. Täck med oljad plastfolie (plastfolie) och låt stå på en varm plats i ca 20 minuter tills degen har jäst strax ovanför formen. Grädda i en förvärmd ugn vid 220°C/425°F/gasmarkering 7 i 30 minuter tills den är gyllenbrun och låter ihålig när du knackar på botten.

höstkrans

Gör en stor ringlimpa

Till degen:

450 g / 4 koppar fullkornsmjöl (helvete).

20 ml/4 tsk bakpulver

75 g/3 oz/1/3 kopp mjukt farinsocker

5 ml/1 tsk salt

2,5 ml/½ tsk mald muskotblomma

75 g/3 oz/1/3 kopp vegetabiliskt fett (förkortning)

3 äggvitor

300 ml/½ pt/1¼ koppar mjölk

För fyllningen:

175 g/6 oz/1½ koppar kaksmulor av fullkorn (hel vete)

50 g/2 oz/½ kopp malda hasselnötter eller mandel

50 g/2 oz/¼ kopp mjukt farinsocker

75 g/3 oz/½ kopp kristalliserad (kanderad) ingefära, hackad

30 ml/2 msk rom eller konjak

1 ägg, lätt uppvispat

Glasyr:

15 ml/1 msk honung

Till degen, blanda de torra ingredienserna och gnid in fettet. Blanda äggvitan och mjölken och blanda tills du har en mjuk, smidig deg.

Blanda ingredienserna till fyllningen, använd lagom mycket av ägget för att få en slät konsistens. Kavla ut degen på en lätt mjölad yta till en rektangel på 20 x 30 cm/8 x 10 cm. Bred ut fyllningen över alla utom de översta 2,5 cm/1 tum längs långkanten. Rulla ihop från den motsatta kanten, som en schweizisk (gelé) rulle, och fukta den vanliga degremsan för att täta. Fukta varje ände och forma rullen till en cirkel, sammanfoga ändarna. Använd en vass sax och gör små snitt runt toppen för dekoration. Lägg på en smord bakplåt (kakor) och pensla med resterande ägg. Låt vila i 15 minuter.

Grädda i en förvärmd ugn vid 230°C/450°F/gasmarkering 8 i 25 minuter tills de är gyllenbruna. Pensla med honung och låt svalna.

banan bröd

För en limpa på 900 g/2 lb

75 g/3 oz/1/3 kopp smör eller margarin, mjukat

175 g/6 oz/2/3 kopp (superfint) socker

2 ägg, lätt vispade

450 g/1 lb mogna bananer, mosade

200 g/7 oz/1¾ kopp självhöjande mjöl

75 g/3 oz/¾ kopp valnötter, hackade

100 g sultanas (gyllene russin)

50 g/2 oz/½ kopp glacé (kanderade) körsbär

2,5 ml/½ tsk bikarbonat (bakpulver)

En nypa salt

Vispa smör eller margarin och socker blekt och pösigt. Vispa gradvis i äggen och rör sedan ner bananerna. Blanda i resten av ingredienserna tills det är väl blandat. Häll upp i en smord och fodrad 900g/2lb brödform och grädda i en förvärmd ugn vid 180°C/350°C/gasmark 4 i 1¼ timme tills den har jäst väl och är fast vid beröring.

Helvete bananbröd

För en limpa på 900 g/2 lb

100 g/4 oz/½ kopp smör eller margarin, uppmjukat

50 g/2 oz/¼ kopp mjukt farinsocker

2 ägg, lätt vispade

3 bananer, mosade

175 g/6 oz/1½ koppar fullkornsmjöl (helvete)

100 g / 4 oz / 1 kopp havremjöl

5 ml/1 tsk bakpulver

5 ml/1 tsk malda blandade (äppelpaj) kryddor

30 ml/2 msk mjölk

Vispa smör eller margarin och socker ljust och pösigt. Vispa gradvis i äggen, rör ner bananerna och vänd sedan ner mjöl, bakpulver och blandade kryddor. Tillsätt tillräckligt med mjölk för att få en jämn blandning. Häll upp i en smord och fodrad 900g/2lb brödform (form) och jämna till ytan. Grädda i en förvärmd ugn vid 190°C/375°F/gasmarkering 5 tills de har fått en gyllenbrun färg.

Banan och nötbröd

För en limpa på 900 g/2 lb

50 g/2 oz/¼ kopp smör eller margarin

225 g / 8 oz / 2 koppar självhöjande (självjäsande) mjöl

50 g/2 oz/¼ kopp (superfint) socker

50 g/2 oz/½ kopp hackade blandade nötter

1 ägg, lätt uppvispat

75 g/3 oz/1/3 kopp gyllene (ljus majs) sirap

2 bananer, mosade

15 ml/1 msk mjölk

Gnid in smöret eller margarinet i mjölet och rör sedan ner sockret och nötterna. Blanda i ägg, sirap och bananer och tillräckligt med mjölk för att få en slät blandning. Häll upp i en smord och fodrad brödform på 900 g/2lb och grädda i en förvärmd ugn vid 180°C/350°F/gasmark 4 i cirka 1 timme tills den är fast och gyllenbrun. Förvara, skivad och smörad, 24 timmar före servering.

Bara Brith

Gör tre 450g/1lb bröd

450 g/1 lb/2¾ koppar torkad blandad frukt (fruktkakamix)

250 ml/8 fl oz/1 kopp starkt kallt te

30 ml/2 msk torkad jäst

175 g/6 oz/¾ kopp mjukt farinsocker

250 g/12 oz/3 koppar fullkornsmjöl (helvete)

350 g/12 oz/3 koppar starkt, vanligt (bröd) mjöl

10 ml/2 tsk malda blandade (äppelpaj) kryddor

100 g/4 oz/½ kopp smör eller margarin, smält

2 ägg, vispade

2,5 ml/½ tsk salt

15 ml/1 msk klar honung

Blötlägg frukten i teet i 2 timmar. Värm 30 ml/2 msk te och blanda med jästen och 5 ml/1 tsk socker. Låt stå på en varm plats tills den skummar. Blanda ihop de torra ingredienserna, tillsätt sedan jästblandningen och alla övriga ingredienser utom honungen och blanda till en deg. Vänd ut på en lätt mjölad yta och knåda försiktigt tills den är slät och elastisk. Dela mellan tre smorda och fodrade 450 g/1 lb brödformar (formar). Täck med oljad hushållsfilm (plastfolie) och låt stå på en varm plats i 1 timme tills degen har höjt sig över ramekinernas toppar.

Grädda i en förvärmd ugn vid 200°C/400°F/gasmarkering 6 i 15 minuter, sänk sedan ugnstemperaturen till 180°C/350°F/gasmarkering 4 i ytterligare 45 minuter tills den är gyllenbrun och ihålig kl. basen.. Hetta upp honungen och pensla toppen av de varma bröden med den.

Badbullar

Gör 12 rullar

500 g/1 lb/4 koppar starkt, vanligt (bröd) mjöl

25 g / 1 oz färsk jäst eller 40 ml / 2½ matskedar torkad jäst

150 ml/¼ pt/2/3 kopp varm mjölk

75 g/3 oz/1/3 kopp strösocker (superfint).

150 ml/¼ pt/2/3 kopp varmt vatten

5 ml/1 tsk salt

50 g/2 oz/¼ kopp smör eller margarin

2 ägg, vispade

175 g/6 oz/1 kopp sultanor (gyllene russin)

50 g/2 oz/1/3 kopp hackat blandat skal

Vispat ägg för glasering

Konserverande socker, finmalet, för att strö över

Häll en fjärdedel av mjölet i en skål och gör en brunn i mitten. Blanda jästen med hälften av mjölken och 5 ml/1 tsk socker och häll i brunnen. Tillsätt den återstående vätskan. Rör ihop och låt stå på en varm plats i 35 minuter tills det skummar. Lägg resterande mjöl i en skål med saltet. Rör i resten av sockret och gnid in smöret eller margarinet tills blandningen liknar ströbröd. Häll i jästblandningen och äggen och vispa väl. Rör ner sultanerna och blandat skal. Täck med oljad plastfolie (plastfolie) och låt stå på en varm plats tills den har fördubblats i volym.

Knåda degen väl och dela den i 12 bitar. Forma en runda och lägg på en smord plåt (kakor). Täck med oljad hushållsfilm och låt stå på en varm plats i 15 minuter. Pensla med uppvispat ägg och strö över malet socker. Grädda i en förvärmd ugn vid 200°C/400°F/gasmarkering 6 i 15-20 minuter tills de är gyllenbruna.

Körsbärs- och honungsbröd

För en limpa på 900 g/2 lb

175 g/6 oz/¾ kopp smör eller margarin, mjukat

75 g/3 oz/1/3 kopp mjukt farinsocker

60 ml/4 matskedar klar honung

2 ägg, vispade

100 g / 4 oz / 2 koppar fullkornsmjöl (helvete)

10 ml/2 tsk bakpulver

100 g/4 oz/½ kopp glacé (kanderade) körsbär, hackade

45 ml/3 msk mjölk

Vispa smör eller margarin, socker och honung tills det blir ljust och pösigt. Rör gradvis i äggen, vispa ordentligt efter varje tillsats. Blanda i resten av ingredienserna till en slät blandning. Häll upp i en smord och fodrad 900g/2lb brödform och grädda i en förvärmd ugn vid 180°C/350°F/gasmark 4 i 1 timme tills ett spett som sticks in i mitten kommer ut rent. Servera skivad och smörad.

Kanel och muskotbullar

Gör 24

15 ml/1 msk torkad jäst

120 ml/4 fl oz/½ kopp mjölk, kokt

50 g/2 oz/¼ kopp (superfint) socker

50 g/2 oz/¼ kopp ister (förkortning)

5 ml/1 tsk salt

120 ml/4 fl oz/½ kopp varmt vatten

2,5 ml/½ tsk riven muskotnöt

1 ägg, uppvispat

400 g/14 oz/3½ koppar starkt, vanligt (bröd) mjöl

45 ml/3 msk smör eller margarin, smält

175 g/6 oz/¾ kopp mjukt farinsocker

10 ml/2 tsk mald kanel

75 g/3 oz/½ kopp russin

Lös upp jästen i den varma mjölken med en tesked strösocker och låt den skumma. Blanda resterande strösocker, ister och salt. Häll i vattnet och rör om tills det blandas. Rör ner jästblandningen och tillsätt sedan muskotnöt, ägg och mjöl gradvis. Knåda ihop till en smidig deg. Lägg i en smord skål, täck med oljad plastfolie (plastfolie) och låt stå på en varm plats i ca 1 timme tills den är dubbelt så stor.

Dela degen på mitten och kavla ut den på en lätt mjölad yta till rektanglar ca 5 mm tjocka. Pensla med smält smör och strö över farinsocker, kanel och russin. Rulla ihop från den längre storleken och skär varje rulle i 12 skivor, 1 cm tjocka. Lägg skivorna lite isär på en smord bakplåt och låt stå på en varm plats i 1 timme. Grädda i en förvärmd ugn vid 190°C/375°F/gasmarkering 5 i 20 minuter tills de har fått en ordentlig jäsning.

Tranbärsbröd

För en limpa på 450 g/1 lb

225 g/8 oz/2 koppar vanligt mjöl (all-purpose)

2,5 ml/½ tsk salt

2,5 ml/½ tsk bikarbonat (bakpulver)

225 g/8 oz/1 kopp (superfint) socker

7,5 ml/1½ tesked bakpulver

Saft och rivet skal av 1 apelsin

1 ägg, uppvispat

25 g/2 msk ister (förkortning), smält

100 g färska eller frysta tranbär, krossade

50 g/2 oz/½ kopp valnötter, grovt hackade

Blanda de torra ingredienserna i en stor skål. Häll apelsinjuicen och skalet i en måttbägare och fyll på med vatten till 175 ml/6 fl oz/¾ kopp. Rör ner de torra ingredienserna i ägget och isterna. Rör ner tranbären och nötterna. Häll upp i en smord 450g/1lb brödform och grädda i en förvärmd ugn vid 160°C/325°F/gasmark 3 i cirka 1 timme tills ett spett som sticks in i mitten kommer ut rent. Låt svalna och förvara i 24 timmar innan du skär.

Dadel och smörbröd

För en limpa på 900 g/2 lb

Till brödet:

175 g / 6 oz / 1 kopp urkärnade (urkärnade) dadlar, fint hackade

5 ml/1 tsk bikarbonat (bakpulver)

250 ml/8 fl oz/1 kopp kokande vatten

75 g/3 oz/1/3 kopp smör eller margarin, mjukat

225 g/8 oz/1 kopp mjukt farinsocker

1 ägg, lätt uppvispat

5 ml/1 tsk vaniljessens (extrakt)

225 g/8 oz/2 koppar vanligt mjöl (all-purpose)

5 ml/1 tsk bakpulver

En nypa salt

Till toppingen:

100 g/4 oz/½ kopp mjukt farinsocker

50 g/2 oz/¼ kopp smör eller margarin

120 ml/4 fl oz/½ kopp enkel (lätt) kräm

För att göra brödet, blanda dadlarna, bakpulver och kokande vatten, rör om väl och låt svalna. Blanda smöret eller margarinet och sockret tills det blir ljust och fluffigt och vispa sedan gradvis i ägget och vaniljessensen. Rör ner mjöl, bakpulver och salt. Häll upp blandningen i en smord och fodrad 900g/2lb brödform och grädda i en förvärmd ugn vid 180°C/350°F/gasmark 4 i 1 timme tills ett spett som sticks in i mitten kommer ut rent.

För att göra toppingen, smält sockret, smöret eller margarinet och grädden på låg värme tills det blandas, låt sedan sjuda mycket försiktigt i 15 minuter, rör om då och då. Ta bort brödet från formen och häll det över den varma toppingen. Låt svalna.

Dadel och bananbröd

För en limpa på 900 g/2 lb

225 g/11/3 koppar urkärnade (urkärnade) dadlar, hackade

300 ml/½ pt/1¼ koppar mjölk

5 ml/1 tsk bikarbonat (bakpulver)

100 g/4 oz/½ kopp smör eller margarin

275 g/10 oz/2½ koppar självhöjande mjöl

2 mogna bananer, mosade

1 ägg, uppvispat

75 g/3 oz/¾ kopp hasselnötter, hackade

30 ml/2 msk klar honung

Lägg dadlar, mjölk och läsk i en kastrull och låt koka upp under omrörning. Låt svalna. Gnid in smöret eller margarinet i mjölet tills blandningen liknar ströbröd. Rör ner bananerna, ägget och de flesta hasselnötterna, spara några till dekoration. Häll upp i en smord och fodrad 900g/2lb brödform och grädda i en förvärmd ugn vid 180°C/350°F/gasmark 4 i 1 timme tills ett spett som sticks in i mitten kommer ut rent. Låt svalna i pannan i 5 minuter, vänd sedan och ta bort foderpapperet. Hetta upp honungen och pensla toppen av kakan med den. Strö över de reserverade nötterna och låt svalna helt.

Dadel och apelsinbröd

För en limpa på 900 g/2 lb

225 g/11/3 koppar urkärnade (urkärnade) dadlar, hackade

120 ml/4 fl oz/½ kopp vatten

200 g/7 oz/lite 1 kopp mjukt farinsocker

75 g/3 oz/1/3 kopp smör eller margarin

Rivet skal och saft av 1 apelsin

1 ägg, lätt uppvispat

225 g/8 oz/2 koppar vanligt mjöl (all-purpose)

10 ml/2 tsk bakpulver

5 ml/1 tsk mald kanel

Sjud dadlarna i vattnet i 15 minuter tills de är mosiga. Rör ner sockret tills det löst sig. Ta bort från värmen och låt svalna något. Vispa i smör eller margarin, apelsinskal och juice, sedan ägget. Slå i mjöl, bakpulver och kanel. Häll upp i en smord och fodrad 900g/2lb brödform och grädda i en förvärmd ugn vid 180°C/350°F/gasmark 4 i 1 timme tills ett spett som sticks in i mitten kommer ut rent.

Dadel och nötbröd

För en limpa på 900 g/2 lb

250 ml/8 fl oz/1 kopp kokande vatten

225 g/11/3 koppar urkärnade (urkärnade) dadlar, hackade

10 ml/2 tsk bikarbonat (bakpulver)

25 g/1 oz/2 msk vegetabiliskt fett (förkortning)

225 g/8 oz/1 kopp mjukt farinsocker

2 ägg, vispade

225 g/8 oz/2 koppar vanligt mjöl (all-purpose)

5 ml/1 tsk salt

50 g/2 oz/½ kopp pekannötter, hackade

Häll det kokande vattnet över dadlarna och läsken och låt stå ljummet. Blanda det vegetabiliska fettet och sockret tills det blir krämigt. Vispa gradvis i äggen. Blanda mjölet med saltet och nötterna och vänd ner detta i gräddblandningen växelvis med dadlarna och vätskan. Häll upp i en smord 900g/2lb brödform och grädda i en förvärmd ugn vid 180°C/350°F/gasmark 4 i 1 timme tills den är fast vid beröring.

Dadel tebröd

För en limpa på 900 g/2 lb

225 g/8 oz/2 koppar vanligt mjöl (all-purpose)

100 g/4 oz/½ kopp mjukt farinsocker

En nypa salt

5 ml/1 tsk malda blandade (äppelpaj) kryddor

5 ml/1 tsk bikarbonat (bakpulver)

50 g/2 oz/¼ kopp smör eller margarin, smält

15 ml/1 msk svart sirap (melass)

150 ml/¼ pt/2/3 kopp svart te

1 ägg, uppvispat

75 g/3 oz/½ kopp urkärnade (urkärnade) dadlar, hackade

Blanda mjöl, socker, salt, kryddor och natriumbikarbonat. Rör ner smör, melasssirap, te och ägg och blanda väl tills det är slätt. Rör ner dadlarna. Häll blandningen i en smord och fodrad 900g/2lb brödform och grädda i en förvärmd ugn vid 180°C/350°F/gasmark 4 i 45 minuter.

Dadel och valnötsbröd

För en limpa på 900 g/2 lb

100 g/4 oz/½ kopp smör eller margarin

175 g/6 oz/1½ koppar fullkornsmjöl (helvete)

50 g/2 oz/½ kopp havremjöl

10 ml/2 tsk bakpulver

5 ml/1 tsk malda blandade (äppelpaj) kryddor

2,5 ml/½ tsk mald kanel

50 g/2 oz/¼ kopp mjukt farinsocker

75 g/3 oz/½ kopp urkärnade (urkärnade) dadlar, hackade

75 g/3 oz/¾ kopp valnötter, hackade

2 ägg, lätt vispade

30 ml/2 msk mjölk

Gnid in smöret eller margarinet i mjölet, bakpulvret och kryddorna tills blandningen liknar ströbröd. Rör ner socker, dadlar och valnötter. Blanda i ägg och mjölk till en mjuk deg. Forma degen till en smord 900g/2lb brödform (form) och jämna till toppen. Grädda i en förvärmd ugn vid 160°C/325°F/gasmarkering 3 i 45 minuter tills de har fått en gyllenbrun färg.

FIG bröd

För en limpa på 450 g/1 lb

100 g / 4 oz / 1½ koppar kli spannmål

100 g/4 oz/½ kopp mjukt farinsocker

100 g / 4 oz / 2/3 kopp torkade fikon, hackade

30 ml/2 msk svart sirap (melass)

250 ml/8 fl oz/1 kopp mjölk

100 g / 4 oz / 1 kopp fullkornsmjöl (helvete)

10 ml/2 tsk bakpulver

Blanda spannmål, socker, fikon, melasssirap och mjölk och låt stå i 30 minuter. Rör ner mjöl och bakpulver. Häll upp i en smord 450g/1lb brödform och grädda i en förvärmd ugn vid 180°C/350°F/gasmark 4 i 45 minuter tills stelnat och ett spett som sticks in i mitten kommer ut rent.

Fikon och Marsala bröd

För en limpa på 900 g/2 lb

225 g/8 oz/1 kopp osaltat (sött) smör eller margarin, uppmjukat

225 g/8 oz/1 kopp mjukt farinsocker

4 ägg, lätt vispade

45 ml/3 msk Marsala

5 ml/1 tsk vaniljessens (extrakt)

200 g/7 oz/1¾ koppar vanligt mjöl (all-purpose)

En nypa salt

50 g/2 oz/1/3 kopp färdiga att äta torkade aprikoser, hackade

50 g/2 oz/1/3 kopp urkärnade (urkärnade) dadlar, hackade

50 g/2 oz/1/3 kopp torkade fikon, hackade

50 g/2 oz/½ kopp hackade blandade nötter

Vispa smör eller margarin och socker ljust och pösigt. Tillsätt gradvis äggen, sedan Marsala och vaniljessensen. Blanda mjöl och salt med frukt och nötter, vänd ner i blandningen och blanda väl. Häll upp i en smord och mjölad 900g/2lb brödform (form) och grädda i en förvärmd ugn vid 180°C/350°F/gasmark 4 i 1 timme. Låt svalna i formen i 10 minuter och vänd sedan upp på ett galler för att svalna.

Honung och fikonrullar

Gör 12

25 g / 1 oz färsk jäst eller 40 ml / 2½ matskedar torkad jäst

75 g/3 oz/¼ kopp klar honung

300 ml/½ pt/1¼ koppar varmt vatten

100 g / 4 oz / 2/3 kopp torkade fikon, hackade

15 ml/1 msk maltextrakt

450 g / 4 koppar fullkornsmjöl (helvete).

15 ml/1 msk mjölkpulver (skummjölkspulver)

5 ml/1 tsk salt

2,5 ml/½ tsk riven muskotnöt

40 g/1½ oz/2½ matskedar smör eller margarin

Rivet skal av 1 apelsin

1 ägg, uppvispat

15 ml/1 matsked sesamfrön

Blanda jästen med 5 ml/1 tsk honung och lite av det varma vattnet och låt stå tills det skummar på en varm plats. Blanda det återstående varma vattnet med fikonen, maltextraktet och resterande honung och låt det dra. Blanda mjöl, mjölkpulver, salt och muskotnöt, gnid in smöret eller margarinet och rör ner apelsinskalet. Gör en brunn i mitten och häll i jästblandningen och fikonblandningen. Blanda till en mjuk deg och knåda tills den inte längre är kladdig. Lägg i en oljad skål, täck med oljad plastfolie (plastfolie) och låt stå på en varm plats i 1 timme tills den är dubbelt så stor.

Knåda lätt, forma sedan 12 rullar och arrangera på en smord bakplåt (kakor). Täck med oljad hushållsfilm och låt stå på en varm plats i 20 minuter. Pensla med uppvispat ägg och strö över

sesamfrön. Grädda i en förvärmd ugn vid
230°C/450°F/gasmarkering 8 i 15 minuter tills den är gyllenbrun
och låter ihålig när du knackar på botten.

Heta korsbullar

Gör 12

Till smörgåsarna:
450 g/1 lb/4 koppar starkt (bröd) mjöl

15 ml/1 msk torkad jäst

En nypa salt

5 ml/1 tsk malda blandade (äppelpaj) kryddor

50 g/2 oz/¼ kopp (superfint) socker

100 g/4 oz/2/3 kopp vinbär

25 g/1 oz/3 matskedar hackat blandat (kanderat) skal

1 ägg, uppvispat

250 ml/8 fl oz/1 kopp mjölk

50 g/2 oz/¼ kopp smör eller margarin, smält

För korsen:
25 g/1 oz/¼ kopp vanligt mjöl (all-purpose)

15 ml/1 msk vatten

Ett litet uppvispat ägg

För glasyren:
50 g/2 oz/¼ kopp (superfint) socker

150 ml/¼ pt/2/3 kopp vatten

För att göra rullarna, blanda ihop de torra ingredienserna, vinbär och blandat zest. Rör ner ägg, mjölk och smält smör och blanda tills en styv deg lossnar från skålens sidor. Vänd ut på en lätt mjölad yta och knåda i 5 minuter tills den är slät och elastisk. Dela i 12 och rulla till bollar. Lägg dem väl isär på en smord bakplåt, täck med oljad plastfolie (plastfolie) och låt dubbla storleken på en varm plats i ca 45 minuter.

Lägg mjölet till korset i en liten skål och blanda gradvis i tillräckligt med vatten för att göra en deg. Kavla ut till en lång tråd. Pensla topparna på rullarna med uppvispat ägg och tryck sedan försiktigt en kors av deg från den långa strängen i varje. Grädda i en förvärmd ugn vid 220°C/425°F/gasmark 7 i 20 minuter tills de är gyllenbruna.

För att göra glasyren, lös upp sockret i vattnet och koka tills det blir sirap. Pensla över de varma rullarna och lägg på galler för att svalna.

Lincolnshire plommonbröd

Gör tre 450g/1lb bröd

15 g/½ oz färsk jäst eller 20 ml/4 tsk torkad jäst

45 ml/3 msk mjukt farinsocker

200 ml/7 fl oz/lite 1 kopp varm mjölk

100 g/4 oz/½ kopp smör eller margarin

450 g/1 lb/4 koppar vanligt mjöl (all-purpose)

10 ml/2 tsk bakpulver

En nypa salt

1 ägg, uppvispat

450 g/1 lb/22/3 koppar torkad blandad frukt (fruktkakamix)

Blanda jästen med 5 ml/1 tsk socker och lite varm mjölk och låt den skumma på en varm plats i 20 minuter. Gnid in smöret eller margarinet i mjölet, bakpulvret och saltet tills blandningen liknar ströbröd. Rör ner resten av sockret och gör en brunn i mitten. Blanda i jästblandningen, den återstående varma mjölken och ägget och blanda i frukten till en ganska styv deg. Forma tre smorda 450g/1lb brödformar (formar) och grädda i en förvärmd ugn vid 150°C/300°F/gasmark 2 i 2 timmar tills de är gyllenbruna.

London smörgåsar

Gör 10

50 g/2 oz färsk jäst eller 30 ml/2 msk torkad jäst

75 g/3 oz/1/3 kopp mjukt farinsocker

300 ml/½ pt/1¼ koppar varmt vatten

175 g/6 oz/1 kopp vinbär

25 g/3 msk hackade urkärnade dadlar (stenfria)

25 g/1 oz/3 matskedar hackat blandat (kanderat) skal

25 g/2 msk hackade glacé (kanderade) körsbär

45 ml/3 msk apelsinjuice

450 g / 4 koppar fullkornsmjöl (helvete).

2,5 ml/½ tsk salt

25 g/1 oz/¼ kopp mjölkpulver (skummad torrmjölk)

15 ml/1 msk malda blandade (äppelpaj) kryddor

5 ml/1 tsk mald kanel

75 g/3 oz/1/3 kopp smör eller margarin

15 ml/1 msk rivet apelsinskal

1 ägg

15 ml/1 msk klar honung

30 ml/2 msk skivad (skivad) mandel

Blanda jästen med lite socker och lite av det varma vattnet och låt det skumma på en varm plats i 20 minuter. Blötlägg vinbär, dadlar, blandat skal och körsbär i apelsinjuicen. Blanda mjöl, salt, mjölkpulver och kryddor. Gnid in smöret eller margarinet, rör ner apelsinskalet och gör en brunn i mitten. Tillsätt jästblandningen, det återstående varma vattnet och ägget och blanda till en smidig deg. Lägg i en oljad skål, täck med plastfolie (plastfolie) och låt stå på en varm plats i 1 timme tills den fördubblats i volym.

Forma degen till 10 rullar och lägg dem på en smord bakplåt (kakor). Täck med oljad hushållsfilm och låt stå på en varm plats i 45 minuter. Grädda i en förvärmd ugn vid 230°C/450°F/gasmarkering 8 i 15 minuter tills de har fått en väl genomstekt. Pensla med honung, strö över mandel och låt svalna.

Irish Country Loaf

För en limpa på 900 g/2 lb

350 g/12 oz/3 koppar fullkornsmjöl (helvete)

100 g/4 oz/1 kopp havregryn

100 g sultanas (gyllene russin)

15 ml/1 msk bakpulver

15 ml/1 msk (superfint) strösocker

5 ml/1 tsk bikarbonat (bakpulver)

5 ml/1 tsk salt

10 ml/2 tsk malda blandade (äppelpaj) kryddor

Rivet skal av ½ citron

1 ägg, uppvispat

300 ml/½ pt/1¼ koppar kärnmjölk eller yoghurt

150 ml/¼ pt/2/3 kopp vatten

Blanda alla torra ingredienser och citronskal och gör en brunn i mitten. Vispa ihop ägg, kärnmjölk eller yoghurt och vatten. Blanda med de torra ingredienserna och arbeta till en mjuk deg. Knåda på en lätt mjölad yta och forma sedan till en smord 900g/2lb brödform. Grädda i en förvärmd ugn vid 200°C/400°F/gasmarkering 6 i 1 timme tills den är väl jäst och fast vid beröring.

Maltbröd

För en limpa på 450 g/1 lb

25 g/2 msk smör eller margarin

225 g / 8 oz / 2 koppar självhöjande (självjäsande) mjöl

25 g/1 oz/2 matskedar mjukt farinsocker

30 ml/2 msk svart sirap (melass)

20 ml/4 tsk maltextrakt

150 ml/¼ pt/2/3 kopp mjölk

75 g/3 oz/½ kopp sultanor (gyllene russin)

15 ml/1 msk (superfint) strösocker

30 ml/2 msk vatten

Gnid in smöret eller margarinet i mjölet och rör sedan ner farinsockret. Hetta upp sirap, maltextrakt och mjölk, blanda detta med de torra ingredienserna med sultanerna och knåda till en deg. Vänd till en smord 450g/1lb brödform (form) och grädda i en förvärmd ugn vid 160°C/325°F/gasmark 3 i 1 timme tills den är gyllenbrun. Koka upp socker och vatten och koka tills det blir sirap. Pensla toppen av brödet och låt svalna.

Bran maltbröd

För en limpa på 450 g/1 lb

100 g/4 oz/½ kopp mjukt farinsocker

225 g / 8 oz / 11/3 koppar torkad blandad frukt (fruktkakamix)

75 g Alla klikorn

250 ml/8 fl oz/1 kopp mjölk

5 ml/1 tsk malda blandade (äppelpaj) kryddor

100 g / 4 oz / 1 kopp självhöjande (självjäsande) mjöl

Blanda socker, frukt, All Bran, mjölk och kryddor och låt dra i 1 timme. Rör ner mjölet och blanda väl. Häll upp i en smord och fodrad brödform på 450 g/1lb och grädda i en förvärmd ugn vid 180°C/350°F/gasmark 4 i 1½ timme tills den är fast vid beröring.

Fullkornsmaltbröd

För en limpa på 900 g/2 lb

25 g/2 msk smör eller margarin

30 ml/2 msk svart sirap (melass)

45 ml/3 msk maltextrakt

150 ml/¼ pt/2/3 kopp mjölk

175 g/6 oz/1½ koppar fullkornsmjöl (helvete)

75 g/3 oz/¾ kopp havremjöl

10 ml/2 tsk bakpulver

100 g/4 oz/2/3 kopp russin

Smält smör eller margarin, melasssirap, maltextrakt och mjölk. Tillsätt mjöl, bakpulver och russin och blanda till en mjuk deg. Häll upp i en smord 900g/2lb brödform (panna) och jämna till ytan. Grädda i en förvärmd ugn vid 200°C/400°F/gasmarkering 6 i 45 minuter tills ett spett som sticks in i mitten kommer ut rent.

Fredas nötbröd

Gör tre 350g/12oz bröd

25 g / 1 oz färsk jäst eller 40 ml / 2½ matskedar torkad jäst

10 ml/2 tsk maltextrakt

375 ml/13 fl oz/1½ koppar varmt vatten

450 g / 4 koppar fullkornsmjöl (helvete).

5 ml/1 tsk sojamjöl

50 g/2 oz/½ kopp havregryn

2,5 ml/½ tsk salt

25 g/1 oz/2 matskedar mjukt farinsocker

15 ml/1 msk ister (förkortning)

100 g/4 oz/1 kopp hackade blandade nötter

175 g/6 oz/1 kopp vinbär

50 g/2 oz/1/3 kopp urkärnade (urkärnade) dadlar, hackade

50 g/2 oz/1/3 kopp russin

2,5 ml/½ tsk mald kanel

1 ägg, uppvispat

45 ml/3 msk skivad (skivad) mandel

Blanda jästen med maltextraktet och lite av det varma vattnet och låt stå tills det skummar på en varm plats. Blanda mjöl, havre, salt och socker, gnid in ister och gör en brunn i mitten. Blanda i jästblandningen och det återstående varma vattnet och knåda till en smidig deg. Blanda i nötter, vinbär, dadlar, russin och kanel. Knåda tills den är elastisk och inte längre klibbig. Lägg degen i en oljad skål och täck med oljad plastfolie (plastfolie). Låt stå på en varm plats i 1 timme tills den fördubblats i storlek.

Knåda degen lätt, forma den sedan till tre rundlar och platta till den något, lägg sedan på en smord plåt (kakor). Pensla topparna med uppvispat ägg och strö över mandeln. Grädda i en förvärmd ugn vid 230°C/450°F/gasmarkering 8 i 35 minuter tills den är väl jäst och låter ihålig när botten knackas.

Paranötsdadelbröd

Gör tre 350g/12oz bröd

25 g / 1 oz färsk jäst eller 40 ml / 2½ matskedar torkad jäst

10 ml/2 tsk maltextrakt

375 ml/13 fl oz/1½ koppar varmt vatten

450 g / 4 koppar fullkornsmjöl (helvete).

5 ml/1 tsk sojamjöl

50 g/2 oz/½ kopp havregryn

2,5 ml/½ tsk salt

25 g/1 oz/2 matskedar mjukt farinsocker

15 ml/1 msk ister (förkortning)

100 g/4 oz/1 kopp paranötter, hackade

250 g/9 oz/1½ kopp urkärnade (urkärnade) dadlar, hackade

2,5 ml/½ tsk mald kanel

1 ägg, uppvispat

45 ml/3 matskedar hackade paranötter

Blanda jästen med maltextraktet och lite av det varma vattnet och låt stå tills det skummar på en varm plats. Blanda mjöl, havre, salt och socker, gnid in ister och gör en brunn i mitten. Blanda i jästblandningen och det återstående varma vattnet och knåda till en smidig deg. Blanda i nötter, dadlar och kanel. Knåda tills den är elastisk och inte längre klibbig. Lägg degen i en oljad skål och täck med oljad plastfolie (plastfolie). Låt stå på en varm plats i 1 timme tills den fördubblats i storlek.

Knåda degen lätt, forma den till tre rundlar och platta till den något, lägg sedan på en smord plåt (kakor). Pensla topparna med uppvispat ägg och strö över de skivade paranötterna. Grädda i en förvärmd ugn vid 230°C/450°F/gasmarkering 8 i 35 minuter tills den är väl jäst och låter ihålig när botten knackas.

Panastan fruktbröd

Gör tre 175g/12oz bröd

25 g / 1 oz färsk jäst eller 40 ml / 2½ matskedar torkad jäst

150 ml/¼ pt/2/3 kopp varmt vatten

60 ml/4 matskedar klar honung

5 ml/1 tsk maltextrakt

15 ml/1 msk solrosfrön

15 ml/1 matsked sesamfrön

25 g/1 oz/¼ kopp vetegroddar

450 g / 4 koppar fullkornsmjöl (helvete).

5 ml/1 tsk salt

50 g/2 oz/¼ kopp smör eller margarin

175 g/6 oz/1 kopp sultanor (gyllene russin)

25 g/1 oz/3 matskedar hackat blandat (kanderat) skal

1 ägg, uppvispat

Blanda jästen med lite av det varma vattnet och 5 ml/1 tsk honung och låt det skumma på en varm plats i 20 minuter. Blanda den återstående honungen och maltextraktet i det återstående varma vattnet. Rosta solros- och sesamfröna och vetegrodden i en torr panna under omrörning tills de är gyllenbruna. Lägg i en skål med mjöl och salt och gnid in smöret eller margarinet. Rör ner sultanerna och det blandade skalet och gör en brunn i mitten. Tillsätt jästblandningen, vattenblandningen och ägget och knåda till en smidig deg. Lägg i en oljad skål, täck med oljad plastfolie (plastfolie) och låt stå på en varm plats i 1 timme tills den är dubbelt så stor.

Knåda lätt, forma sedan tre bröd och lägg på en smord plåt (kakor) eller i smorda bakformar (formar). Täck med oljad hushållsfilm och låt stå på en varm plats i 20 minuter. Grädda i en förvärmd ugn vid 230°C/450°F/gasmarkering 8 i 40 minuter tills den är gyllenbrun och låter ihålig när du knackar på botten.

Pumpabröd

Gör två 450 g/1 lb bröd

350 g/12 oz/1½ koppar (superfint) strösocker

120 ml/4 fl oz/½ kopp olja

2,5 ml/½ tsk riven muskotnöt

5 ml/1 tsk mald kanel

5 ml/1 tsk salt

2 ägg, vispade

225 g / 8 oz / 1 kopp kokt, mosad pumpa

60 ml/4 matskedar vatten

2,5 ml/½ tsk bikarbonat (bakpulver)

1,5 ml/¼ tsk bakpulver

175 g/6 oz/1½ koppar allroundmjöl

Blanda socker, olja, muskotnöt, kanel, salt och ägg och vispa väl. Rör ner resten av ingredienserna och blanda tills det är slätt. Häll i två smorda 450g/1lb brödformar (formar) och grädda i en förvärmd ugn vid 180°C/350°F/gasmark 4 i 1 timme tills ett spett som sticks in i mitten kommer ut rent.

Russin bröd

Gör två 450 g/1 lb bröd

15 ml/1 msk torkad jäst

120 ml/4 fl oz/½ kopp varmt vatten

250 ml/8 fl oz/1 kopp varm mjölk

60 ml/4 matskedar olja

50 g/2 oz/¼ kopp socker

1 ägg, uppvispat

10 ml/2 tsk mald kanel

5 ml/1 tsk salt

225 g/11/3 koppar russin, blötlagda över natten i kallt vatten

550 g/1¼ lb/5 koppar starkt vanligt (bröd) mjöl

Lös upp jästen i det varma vattnet och låt den skumma. Blanda mjölk, olja, socker, ägg, kanel och salt. Häll av russinen och rör ner dem i blandningen. Rör ner jästblandningen. Arbeta gradvis in mjölet och blanda till en hård deg. Lägg i en smord skål och täck med oljad plastfolie (plastfolie). Låt jäsa på ett varmt ställe i ca 1 timme tills det blivit dubbelt så stort.

Knåda igen och forma till två smorda 450g/1lb brödformar (formar). Täck med oljad hushållsfilm och låt återigen stå på en varm plats tills degen stiger över formen. Grädda i en förvärmd ugn vid 150°C/300°F/gasmarkering 2 i 1 timme tills de är gyllenbruna.

Blötlägg russin

Gör två bröd på 450 g/l lb

450 g/1 lb/4 koppar vanligt mjöl (all-purpose)

2,5 ml/½ tsk salt

5 ml/1 tsk malda blandade (äppelpaj) kryddor

225 g/11/3 dl russin, hackade

10 ml/2 tsk bikarbonat (bakpulver)

100 g/4 oz/½ kopp smör eller margarin, smält

225 g/8 oz/1 kopp (superfint) socker

450 ml/¾ pt/2 koppar mjölk

15 ml/1 msk citronsaft

30 ml/2 msk aprikossylt (konservera), siktad (avrunnen)

Blanda mjöl, salt, kryddblandning och russin. Rör ner bakpulver i det smälta smöret tills det blandas, rör sedan ihop alla ingredienser tills det är väl kombinerat. Täck över och låt stå över natten.

Häll upp blandningen i två smorda och fodrade 450g/1lb brödformar (formar) och grädda i en förvärmd ugn vid 180°C/350°F/gasmark 4 i 1 timme tills ett spett som sticks in i mitten kommer ut rent.

Rabarber och dadelbröd

För en limpa på 900 g/2 lb

225 g rabarber, hackad

50 g/2 oz/¼ kopp smör eller margarin

225 g/8 oz/2 koppar vanligt mjöl (all-purpose)

15 ml/1 msk bakpulver

175 g/6 oz/1 kopp dadlar, urkärnade (urkärnade) och finhackade

1 ägg, uppvispat

60 ml/4 matskedar mjölk

Tvätta rabarbern och koka försiktigt i vattnet som fastnar på bitarna tills du har en puré. Gnid in smöret eller margarinet i mjölet och bakpulvret tills blandningen liknar ströbröd. Rör ner rabarber, dadlar, ägg och mjölk och blanda väl. Häll upp i en smord och fodrad 900g/2lb brödform och grädda i en förvärmd ugn vid 190°C/375°F/gasmark 5 i 1 timme tills den är fast vid beröring.

Risbröd

För en limpa på 900 g/2 lb

75 g/3 oz/1/3 kopp arborio eller annat medelstort ris

500 ml/17 fl oz/2½ koppar ljummet vatten

15 g/½ oz färsk jäst eller 20 ml/4 tsk torkad jäst

30 ml/2 msk varmt vatten

550 g/1¼ lb/6 koppar starkt vanligt (bröd) mjöl

15 ml/1 msk salt

Lägg riset och hälften av det ljumna vattnet i en kastrull, låt koka upp, täck och låt sjuda mycket försiktigt i cirka 25 minuter tills riset har absorberat all vätska och bubblor kommer på ytan.

Blanda under tiden jästen med det varma vattnet. När riset är kokt, rör ner mjöl, salt, jästblandning och resterande ljummet vatten och blanda till en blöt deg. Täck med oljad plastfolie (plastfolie) och låt stå på en varm plats i ca 1 timme tills den har dubbelt så stor storlek.

Knåda degen på en mjölad yta och forma den sedan till en smord 900g/2lb brödform. Täck med oljad hushållsfilm och låt stå på en varm plats tills degen stiger över formen. Grädda i en förvärmd ugn vid 230°C/450°F/gasmark 8 i 15 minuter, sänk sedan ugnstemperaturen till 200°C/400°F/gasmark 6 och grädda i ytterligare 15 minuter. Ta ur formen och sätt tillbaka i ugnen i ytterligare 15 minuter tills den är knaprig och brun.

Ris- och nöttebröd

Gör två 900g/2lb bröd

100 g/4 oz/½ kopp långkornigt ris

300 ml/½ pt/1¼ koppar apelsinjuice

400 g/14 oz/1¾ koppar (superfint) strösocker

2 ägg, vispade

50 g/2 oz/¼ kopp smör eller margarin, smält

Rivet skal och saft av 1 apelsin

225 g/8 oz/2 koppar vanligt mjöl (all-purpose)

175 g/6 oz/1½ koppar fullkornsmjöl (helvete)

10 ml/2 tsk bakpulver

5 ml/1 tsk bikarbonat (bakpulver)

5 ml/1 tsk salt

50 g/2 oz/½ kopp valnötter, hackade

50 g/2 oz/1/3 kopp sultanas (gyllene russin)

50 g/2 oz/1/3 kopp florsocker (konditorer), siktat

Koka riset i rikligt med kokande saltat vatten i ca 15 minuter, låt rinna av, skölj med kallt vatten och låt rinna av igen. Blanda apelsinjuice, socker, ägg, smält smör eller margarin och allt utom 2,5 ml/½ tesked av apelsinskalet – spara resten och saften till glasyren. Blanda mjöl, bakpulver, bakpulver och salt och vänd ner i sockerblandningen. Vänd ner riset, nötterna och sultanerna. Häll blandningen i två smorda 900g/2lb brödformar (formar) och grädda i en förvärmd ugn vid 180°C/350°F/gasmark 4 i 1 timme tills ett spett som sticks in i mitten kommer ut rent. Låt svalna i formarna i 10 minuter och vänd sedan ut på ett galler för att svalna.

Blanda florsockret med det reserverade apelsinskalet och tillräckligt med juice för att bilda en slät, tjock pasta. Strö över bröden och låt stelna. Servera skivad och smörad.

Lockiga sockerrullar

Gör cirka 10

50 g/2 oz färsk jäst eller 75 ml/5 msk torkad jäst

75 g/3 oz/1/3 kopp mjukt farinsocker

300 ml/½ pt/1¼ koppar varmt vatten

175 g/6 oz/1 kopp vinbär

25 g/3 matskedar urkärnade (urkärnade) dadlar, hackade

45 ml/3 msk apelsinjuice

450 g / 4 koppar fullkornsmjöl (helvete).

2,5 ml/½ tsk salt

25 g/1 oz/¼ kopp mjölkpulver (skummad torrmjölk)

15 ml/1 msk malda blandade (äppelpaj) kryddor

75 g/3 oz/1/3 kopp smör eller margarin

15 ml/1 msk rivet apelsinskal

1 ägg

För fyllningen:

30 ml/2 msk olja

75 g/3 oz/1/3 kopp demerara socker

För glasyren:

15 ml/1 msk klar honung

30 ml/2 msk hackade valnötter

Blanda jästen med lite av det mjuka farinsockret och lite av det varma vattnet och låt skumma på en varm plats i 20 minuter. Blötlägg vinbär och dadlar i apelsinjuicen. Blanda mjöl, salt, mjölkpulver och blandade örter. Gnid in smöret eller margarinet, rör ner apelsinskalet och gör en brunn i mitten. Tillsätt jästblandningen, det återstående varma vattnet och ägget och blanda till en smidig deg. Lägg i en oljad skål, täck med oljad plastfolie (plastfolie) och låt stå på en varm plats i 1 timme tills den är dubbelt så stor.

Kavla ut degen till en stor rektangel på en lätt mjölad yta. Pensla med olja och strö över demerarasocker. Rulla ihop som en Swiss (gelé) rulle och skär i cirka tio 2,5 cm/1 skivor. Lägg på en smord bakplåt (kex) med ett mellanrum på ca 1 cm, täck med oljad hushållsfilm och låt stå på en varm plats i 40 minuter. Grädda i en förvärmd ugn vid 230°C/450°F/gasmarkering 8 i 15 minuter tills de har fått en väl genomstekt. Pensla med honung, strö över valnötter och låt svalna.

Selkirk Bannock

För en limpa på 450 g/1 lb

Till degen:

225 g/8 oz/2 koppar vanligt mjöl (all-purpose)

En nypa salt

50 g/2 oz/¼ kopp ister (förkortning)

150 ml/¼ pt/2/3 kopp mjölk

15 g/½ oz färsk jäst eller 20 ml/4 tsk torkad jäst

50 g/2 oz/¼ kopp (superfint) socker

100 g sultanas (gyllene russin)

För glasyren:

25 g/1 oz/2 matskedar (superfint) strösocker

30 ml/2 msk vatten

För att göra degen, blanda mjöl och salt. Smält ister, tillsätt mjölken och låt koka upp. Häll i jästen och rör ner 5 ml/1 tsk socker. Låt stå i ca 20 minuter tills det skummar. Gör en brunn i mitten av mjölet och häll i jästblandningen. Arbeta gradvis in mjölet och knåda i 5 minuter. Täck och ställ på en varm plats att jäsa i 1 timme. Vänd upp på en mjölad arbetsyta och arbeta in sultanerna och resten av sockret. Forma till en stor runda och lägg på en smord plåt (kakor). Täck med oljad plastfolie (plastfolie) och låt stå på en varm plats tills den har fördubblats i volym. Grädda i en förvärmd ugn vid 220°C/425°F/gasmarkering 7 i 15 minuter. Sänk ugnstemperaturen till 190°C/375°F/gasmark 5 och grädda i ytterligare 25 minuter. Ta bort från ugnen.

Sultana och johannesbröd

För en limpa på 900 g/2 lb

150 g/5 oz/1¼ koppar fullkornsmjöl (helvete)

15 ml/1 msk bakpulver

25 g/1 oz/¼ kopp johannesbrödpulver

50 g/2 oz/½ kopp havregryn

50 g/2 oz/¼ kopp smör eller margarin, mjukat

175 g/6 oz/1 kopp sultanor (gyllene russin)

2 ägg, vispade

150 ml/¼ pt/2/3 kopp mjölk

60 ml/4 matskedar olja

Blanda ihop de torra ingredienserna. Gnid in smöret eller margarinet och rör ner sultanerna. Vispa ihop ägg, mjölk och olja och blanda ner detta i mjölblandningen till en mjuk deg. Forma en smord 900g/2lb brödform (form) och grädda i en förvärmd ugn vid 180°C/350°F/gasmark 4 i 1 timme tills den är fast vid beröring.

Sultana och apelsinbröd

Gör två 450 g/1 lb bröd

Till degen:

450 g / 4 koppar fullkornsmjöl (helvete).

20 ml/4 tsk bakpulver

75 g/3 oz/1/3 kopp mjukt farinsocker

5 ml/1 tsk salt

2,5 ml/½ tsk mald muskotblomma

75 g/3 oz/1/3 kopp vegetabiliskt fett (förkortning)

3 äggvitor

300 ml/½ pt/1¼ koppar mjölk

För fyllningen:

175 g/6 oz/1½ koppar kaksmulor av fullkorn (hel vete)

50 g/2 oz/½ kopp mald mandel

50 g/2 oz/¼ kopp mjukt farinsocker

100 g sultanas (gyllene russin)

30 ml/2 msk apelsinjuice

1 ägg, lätt uppvispat

För glasyren:

15 ml/1 msk honung

Till degen, blanda de torra ingredienserna och gnid in fettet. Blanda äggvitan och mjölken och blanda i blandningen tills du har en mjuk, smidig deg. Blanda ingredienserna till fyllningen, använd bara tillräckligt med ägg för att få en jämn konsistens. Kavla ut degen på en lätt mjölad yta till en rektangel på 20 x 30 cm/8 x 10 cm. Bred ut fyllningen över alla utom de översta 2,5 cm/1 tum längs långkanten. Rulla ihop från den motsatta kanten, som en schweizisk (gelé) rulle, och fukta den vanliga degremsan för att täta. Fukta varje ände och forma rullen till en cirkel, sammanfoga ändarna. Använd en vass sax och gör små snitt runt toppen för dekoration. Lägg på en smord bakplåt (kakor) och pensla med resterande ägg. Låt vila i 15 minuter.

Grädda i en förvärmd ugn vid 230°C/450°F/gasmarkering 8 i 25 minuter tills de är gyllenbruna. Pensla med honungen och låt svalna.

Sultana och sherrybröd

För en limpa på 900 g/2 lb

225 g/8 oz/1 kopp osaltat (sött) smör eller margarin, uppmjukat

225 g/8 oz/1 kopp mjukt farinsocker

4 ägg

45 ml/3 msk söt sherry

5 ml/1 tsk vaniljessens (extrakt)

200 g/7 oz/1¾ koppar vanligt mjöl (all-purpose)

En nypa salt

75 g/3 oz/½ kopp sultanor (gyllene russin)

50 g/2 oz/1/3 kopp urkärnade (urkärnade) dadlar, hackade

50 g/2 oz/1/3 kopp torkade fikon, tärnade

50 g/2 oz/½ kopp hackat blandat (kanderat) skal

Vispa smör eller margarin och socker ljust och pösigt. Tillsätt gradvis äggen, sedan sherry och vaniljessens. Blanda mjöl och salt med frukten, vänd ner i blandningen och blanda väl. Häll upp i en smord och mjölad 900g/2lb brödform (form) och grädda i en förvärmd ugn vid 180°C/350°F/gasmark 4 i 1 timme. Låt svalna i formen i 10 minuter och vänd sedan upp på ett galler för att svalna.

Stuga tebröd

Gör två 450 g/1 lb bröd

Till degen:

25 g / 1 oz färsk jäst eller 40 ml / 2½ matskedar torkad jäst

15 ml/1 msk mjukt farinsocker

300 ml/½ pt/1¼ koppar varmt vatten

15 ml/1 msk smör eller margarin

450 g / 4 koppar fullkornsmjöl (helvete).

15 ml/1 msk mjölkpulver (skummjölkspulver)

5 ml/1 tsk malda blandade (äppelpaj) kryddor

2,5 ml/½ tsk salt

1 ägg

175 g/6 oz/1 kopp vinbär

100 g sultanas (gyllene russin)

50 g/2 oz/1/3 kopp russin

50 g/2 oz/1/3 kopp hackat blandat (kanderat) skal

För glasyren:

15 ml/1 msk citronsaft

15 ml/1 msk vatten

En nypa malda (äppelpaj) kryddor

För att göra degen, blanda jästen och sockret med lite av det varma vattnet och låt det skumma i 10 minuter på en varm plats. Gnid in smöret eller margarinet i mjölet, rör ner mjölkpulvret, kryddblandningen och saltet och gör en brunn i mitten. Rör ner ägget, jästblandningen och resterande varma vatten och knåda till en deg. Knåda tills den är slät och elastisk. Arbeta in vinbär, sultaner, russin och blandat skal. Lägg i en oljad skål, täck med oljad plastfolie (plastfolie) och låt stå på en varm plats i 45 minuter. Forma till två smorda 450g/1lb brödformar (formar). Täck med oljad hushållsfilm och låt stå på en varm plats i 15 minuter. Grädda i en förvärmd ugn vid 220°C/425°F/gasmark 7 i 30 minuter tills de är gyllenbruna. Ta bort från burken. Blanda ingredienserna till glasyren, pensla de varma bröden med och låt svalna.

Tekakor

Gör 6

15 g/½ oz färsk jäst eller 20 ml/4 tsk torkad jäst

300 ml/½ pt/1¼ koppar varm mjölk

25 g/1 oz/2 matskedar (superfint) strösocker

25 g/2 msk smör eller margarin

450 g/1 lb/4 koppar vanligt mjöl (all-purpose)

5 ml/1 tsk salt

50 g/2 oz/1/3 kopp sultanas (gyllene russin)

Blanda jästen med den varma mjölken och lite socker och låt stå på en varm plats tills den blir skum. Gnid in smöret eller margarinet i mjölet och saltet och rör sedan ner resten av sockret och russinen. Rör ner jästblandningen och blanda till en mjuk deg. Vänd ut på en lätt mjölad yta och knåda tills den är slät. Lägg i en oljad skål, täck med oljad plastfolie (plastfolie) och låt stå på en varm plats tills den har fördubblats i volym. Knåda degen igen, dela den i sex delar och rulla var och en till en boll. Platta ut något på en smord bakplåt, täck med oljad hushållsfilm och låt återigen stå på en varm plats till dubbel storlek. Grädda i en förvärmd ugn vid 200°C/400°F/gasmark 6 i 20 minuter.

Potatisscones

Gör 12

50 g/2 oz/¼ kopp smör eller margarin

225 g / 8 oz / 2 koppar självhöjande (självjäsande) mjöl

En nypa salt

175 g/6 oz/¾ kopp kokt potatismos

60 ml/4 matskedar mjölk

Gnid in smöret eller margarinet i mjölet och saltet. Rör ner potatismos och tillräckligt med mjölk för att göra en mjuk deg. Kavla ut på en lätt mjölad yta till ca 1 tum tjock och skär i rundlar med en kakform. Lägg scones (kex) på en lätt smord bakplåt (kex) och grädda i en förvärmd ugn vid 200°C/400°F/gasmark 6 i 15-20 minuter tills de är lätt gyllene.

Russin Scones

Gör 12

75 g/3 oz/½ kopp russin

225 g/8 oz/2 koppar vanligt mjöl (all-purpose)

2,5 ml/½ tsk salt

15 ml/1 msk bakpulver

25 g/1 oz/2 matskedar (superfint) strösocker

50 g/2 oz/¼ kopp smör eller margarin

120 ml/4 fl oz/½ kopp enkel (lätt) kräm

1 ägg, uppvispat

Blötlägg russinen i varmt vatten i 30 minuter och låt dem rinna av. Blanda de torra ingredienserna och gnid in smöret eller margarinet. Rör ner grädden och ägget till en mjuk deg. Dela i tre bollar, kavla ut till ca 1 cm tjocklek och lägg på en smord plåt (kakor). Skär varje i fjärdedelar. Grädda sconesen (kexen) i en förvärmd ugn vid 230°C/450°F/gasmark 8 i cirka 10 minuter tills de är gyllenbruna.

Sirap Scones

Gör 10

225 g/8 oz/2 koppar vanligt mjöl (all-purpose)

10 ml/2 tsk bakpulver

2,5 ml/½ tsk mald kanel

50 g/2 oz/¼ kopp smör eller margarin, skuren i tärningar

25 g/1 oz/2 matskedar (superfint) strösocker

30 ml/2 msk svart sirap (melass)

150 ml/¼ pt/2/3 kopp mjölk

Blanda ihop mjöl, bakpulver och kanel. Gnid in smöret eller margarinet och rör ner socker, sirap och tillräckligt med mjölk för att bilda en mjuk deg. Kavla ut till 1 cm/½ tjocklek och skär i 5 cm/2 rundlar med en kakform. Lägg sconesen (kexen) på en smord bakplåt och grädda i en förvärmd ugn vid 220°C/425°F/gasmark 7 i 10-15 minuter tills de är väl jästa och gyllenbruna.

Sirap och ingefära Scones

Gör 12

400 g/14 oz/3½ koppar vanligt mjöl (all-purpose)

50 g/2 oz/½ kopp rismjöl

5 ml/1 tsk bikarbonat (bakpulver)

2,5 ml/½ tsk grädde av tartar

10 ml/2 tsk ingefärapulver

2,5 ml/½ tsk salt

10 ml/2 tsk (superfint) strösocker

50 g/2 oz/¼ kopp smör eller margarin

30 ml/2 msk svart sirap (melass)

300 ml/½ pt/1¼ koppar mjölk

Blanda ihop de torra ingredienserna. Gnid in smöret eller margarinet tills blandningen liknar ströbröd. Rör ner sirapen och tillräckligt med mjölk för att göra en mjuk men inte kladdig deg. Knåda försiktigt på en lätt mjölad yta, kavla sedan ut och skär ut rundlar med en 7,5 cm/3 tum kakform. Lägg scones (kex) på en smord bakplåt (kex) och pensla med eventuell kvarvarande mjölk. Grädda i en förvärmd ugn vid 220°C/425°F/gasmarkering 7 i 15 minuter tills de har fått en gyllenbrun färg.

Sultana Scones

Gör 12

225 g/8 oz/2 koppar vanligt mjöl (all-purpose)

En nypa salt

2,5 ml/½ tsk bikarbonat (bakpulver)

2,5 ml/½ tsk grädde av tartar

50 g/2 oz/¼ kopp smör eller margarin

25 g/1 oz/2 matskedar (superfint) strösocker

50 g/2 oz/1/3 kopp sultanas (gyllene russin)

7,5 ml/½ matsked citronsaft

150 ml/¼ pt/2/3 kopp mjölk

Blanda mjöl, salt, bikarbonat av soda och grädde av tandsten. Gnid in smöret eller margarinet tills blandningen liknar ströbröd. Rör ner sockret och sultanerna. Blanda citronsaften med mjölken och rör ner den gradvis i de torra ingredienserna tills du har en mjuk deg. Knåda den lätt, kavla sedan ut den till en tjocklek av ca 1 cm och skär i 5 cm/2 rundlar med en kakform. Placera scones (kex) på en smord bakplåt (kex) och grädda i en förvärmd ugn vid 230°C/450°F/gasmark 8 i cirka 10 minuter tills de har fått en genomstekt och gyllenbrun färg.

Fullkornssirapsscones

Gör 12

100 g / 4 oz / 1 kopp fullkornsmjöl (helvete)

100 g / 4 oz / 1 kopp vanligt mjöl (alltså)

25 g/1 oz/2 matskedar (superfint) strösocker

2,5 ml/½ tsk grädde av tartar

2,5 ml/½ tsk bikarbonat (bakpulver)

5 ml/1 tsk blandade (äppelpaj) örter

50 g/2 oz/¼ kopp smör eller margarin

30 ml/2 msk svart sirap (melass)

100 ml/3½ fl oz/6½ matskedar mjölk

Blanda de torra ingredienserna och gnid in smöret eller margarinet. Hetta upp sirapen och blanda den sedan med tillräckligt med mjölk i ingredienserna för att bilda en mjuk deg. Kavla ut på en lätt mjölad yta till en tjocklek av 1 cm och skär ut rundlar med en kakform. Lägg sconesen (kexen) på en smord och mjölad bakplåt (kex) och pensla med mjölk. Grädda i en förvärmd ugn vid 190°C/375°F/gasmark 5 i 20 minuter.

Yoghurt scones

Gör 12

200 g/7 oz/1¾ koppar vanligt mjöl (all-purpose)

25 g/1 oz/¼ kopp rismjöl

10 ml/2 tsk bakpulver

En nypa salt

15 ml/1 msk (superfint) strösocker

50 g/2 oz/¼ kopp smör eller margarin

150 ml/¼ pt/2/3 kopp yoghurt

Blanda mjöl, bakpulver, salt och socker. Gnid in smöret eller margarinet tills blandningen liknar ströbröd. Rör ner yoghurten till en mjuk men inte kladdig deg. Kavla ut på mjölat underlag till en tjocklek av ca 2 cm och skär i 5 cm/2 rundlar med en kexfräs. Lägg på en smord ugnsplåt och grädda i en förvärmd ugn vid 200°C/400°F/gasmarkering 6 i cirka 15 minuter tills de är väl jäst och gyllenbruna.

Ost Scones

Gör 12

225 g/8 oz/2 koppar vanligt mjöl (all-purpose)

2,5 ml/½ tsk salt

15 ml/1 msk bakpulver

50 g/2 oz/¼ kopp smör eller margarin

100 g/4 oz/1 kopp cheddarost, riven

150 ml/¼ pt/2/3 kopp mjölk

Blanda mjöl, salt och bakpulver. Gnid in smöret eller margarinet tills blandningen liknar ströbröd. Rör ner osten. Blanda gradvis i mjölken till en mjuk deg. Knåda den lätt, kavla sedan ut den till en tjocklek av ca 1 cm och skär i 5 cm/2 rundlar med en kakform. Lägg sconesen (kexen) på en smord bakplåt (kex) och grädda i en förvärmd ugn vid 220°C/425°F/gasmark 7 i 12-15 minuter tills de har fått en genomstekt och gyllenbrun färg. Servera varm eller kall.

Fullkornsörtscones

Gör 12

100 g/4 oz/½ kopp smör eller margarin

175 g/6 oz/1¼ koppar fullkornsmjöl (helvete)

50 g/2 oz/½ kopp vanligt mjöl (all-purpose)

10 ml/2 tsk bakpulver

30 ml/2 msk hackad färsk salvia eller timjan

150 ml/¼ pt/2/3 kopp mjölk

Gnid in smöret eller margarinet i mjölet och bakpulvret tills blandningen liknar ströbröd. Rör ner örterna och tillräckligt med mjölk för att bilda en mjuk deg. Knåda lätt, kavla sedan ut till en tjocklek av ca 1 cm och skär i rundlar om 5 cm/2 med en kakform. Lägg scones (kex) på en smord ugnsplåt (kex) och pensla topparna med mjölk. Grädda i en förvärmd ugn vid 220°C/425°F/gasmarkering 7 i 10 minuter tills de har fått en gyllenbrun färg.

Salami och ostscones

Serverar 4

50 g/2 oz/¼ kopp smör eller margarin

225 g / 8 oz / 2 koppar självhöjande (självjäsande) mjöl

En nypa salt

50 g salami, skivad

75 g/3 oz/¾ kopp cheddarost, riven

75 ml/5 msk mjölk

Gnid in smöret eller margarinet i mjölet och saltet tills blandningen liknar ströbröd. Rör ner salamin och ost, tillsätt sedan mjölken och blanda till en mjuk deg. Forma en runda på 20 cm och platta till något. Lägg sconesen (kexen) på en smord bakplåt och grädda i en förvärmd ugn vid 220°C/425°F/gasmark 7 i 15 minuter tills de är gyllenbruna.

Fullkornsscones

Gör 12

175 g/6 oz/1½ koppar fullkornsmjöl (helvete)

50 g/2 oz/½ kopp vanligt mjöl (all-purpose)

15 ml/1 msk bakpulver

En nypa salt

50 g/2 oz/¼ kopp smör eller margarin

50 g/2 oz/¼ kopp (superfint) socker

150 ml/¼ pt/2/3 kopp mjölk

Blanda ihop mjöl, bakpulver och salt. Gnid in smöret eller margarinet tills blandningen liknar ströbröd. Rör ner sockret. Rör gradvis ner mjölken till en mjuk deg. Knåda den lätt, kavla sedan ut den till en tjocklek av ca 1 cm och skär i 5 cm/2 rundlar med en kakform. Lägg scones (kex) på en smord bakplåt (kex) och grädda i en förvärmd ugn vid 230°C/450°F/gasmark 8 i cirka 15 minuter tills de har fått en gyllenbrun färg. Servera varm.

Barbadisk Conkies

Gör 12

350 g/12 oz pumpa, riven

225 g/8 oz sötpotatis, riven

1 stor kokosnöt, strimlad eller 225 g/8 oz 2 koppar torkad (strimlad) kokosnöt

350 g/12 oz/1½ koppar mjukt farinsocker

5 ml/1 tsk malda blandade (äppelpaj) kryddor

5 ml/1 tsk riven muskotnöt

5 ml/1 tsk salt

5 ml/1 tsk mandelessens (extrakt)

100 g/4 oz/2/3 kopp russin

350 g/12 oz/3 koppar majsmjöl

100 g / 4 oz / 1 kopp självhöjande (självjäsande) mjöl

175 g/6 oz/¾ kopp smör eller margarin, smält

300 ml/½ pt/1¼ koppar mjölk

Blanda ihop pumpa, sötpotatis och kokos. Rör ner socker, kryddor, salt och mandelessens. Tillsätt russin, majsmjöl och mjöl och blanda väl. Blanda det smälta smöret eller margarinet med mjölken och vänd ner i de torra ingredienserna tills allt är väl blandat. Lägg cirka 60 ml/4 matskedar av blandningen i en fyrkantig bit folie, var försiktig så att den inte blir överfull. Vik folien till ett paket så att den är snyggt inslagen och ingen blandning syns. Upprepa med den återstående blandningen. Ångkoka conkiesna på ett galler över en kastrull med kokande vatten i ca 1 timme tills de är fasta och klara. Servera varm eller kall.

Friterade julkakor

Gör 40

50 g/2 oz/¼ kopp smör eller margarin

100 g / 4 oz / 1 kopp vanligt mjöl (alltså)

2,5 ml/½ tesked mald kardemumma

25 g/1 oz/2 matskedar (superfint) strösocker

15 ml/1 msk dubbel (tung) grädde

5 ml/1 tsk konjak

1 litet ägg, uppvispat

Olja för stekning

Florsocker (konditorer) för att pudra

Gnid in smöret eller margarinet i mjölet och kardemumman tills blandningen liknar ströbröd. Rör ner sockret, tillsätt sedan grädde och konjak och tillräckligt med ägg för att få en ganska styv blandning. Täck över och låt stå svalt i 1 timme.

Kavla ut på en lätt mjölad yta till en tjocklek av 5 mm och skär med en konditoriform i 10 x 2,5 cm/4 x 1 remsor. Använd en vass kniv och skär en skåra i mitten av varje remsa. Dra ena änden av remsan genom skåran för att skapa en halv båge. Stek kexen (kexen) i omgångar i het olja i ca 4 minuter tills de är gyllenbruna och puffade. Låt rinna av på hushållspapper (hushållspapper) och servera strö över florsocker.

Majsmjölskakor

Gör 12

100 g / 4 oz / 1 kopp självhöjande (självjäsande) mjöl

100 g / 4 oz / 1 kopp majsmjöl

5 ml/1 tsk bakpulver

15 g/½ oz/1 msk strösocker (superfint).

2 ägg

375 ml/13 fl oz/1½ koppar mjölk

60 ml/4 matskedar olja

Olja för stekning

Blanda de torra ingredienserna och gör en brunn i mitten. Vispa ihop ägg, mjölk och uppmätt olja och vispa sedan i de torra ingredienserna. Hetta upp lite olja i en stor stekpanna (panna) och stek (sauté) 60 ml/4 matskedar smet tills det dyker upp bubblor i toppen. Vänd och stek den andra sidan tills den är brun. Ta ur pannan och håll varmt medan du fortsätter med resterande smet. Servera varm.

Crumpets

Gör 8

15 g/½ oz färsk jäst eller 20 ml/4 tsk torkad jäst

5 ml/1 tsk (superfint) strösocker

300 ml/½ pt/1¼ koppar mjölk

1 ägg

250 g/9 oz/2¼ koppar vanligt mjöl (all-purpose)

5 ml/1 tsk salt

Olja för gnidning

Blanda jäst och socker med lite av mjölken till en pasta och blanda sedan i resten av mjölken och ägget. Rör ner vätskan i mjölet och saltet och blanda till en krämig, tjock smet. Täck över och låt stå på en varm plats i 30 minuter tills dubbel storlek. Hetta upp en grillpanna eller tung stekpanna (stekpanna) och smörj den lätt. Lägg 7,5 cm/3 i bakringar på bakplåten. (Om du inte har bakringar, skär försiktigt toppen och botten av en liten burk.) Häll koppar av blandningen i ringarna och koka tills botten är brun och toppen är urkärnad, cirka 5 minuter. Upprepa med den återstående blandningen. Servera rostad.

Munkar

Gör 16

300 ml/½ pt/1¼ koppar varm mjölk

15 ml/1 msk torkad jäst

175 g/6 oz/¾ kopp (superfint) socker

450 g/1 lb/4 koppar starkt, vanligt (bröd) mjöl

5 ml/1 tsk salt

50 g/2 oz/¼ kopp smör eller margarin

1 ägg, uppvispat

Olja för stekning

5 ml/1 tsk mald kanel

Blanda den varma mjölken, jästen, 5 ml/1 tsk socker och 100 g mjöl. Låt stå på en varm plats i 20 minuter tills den skummar. Blanda resterande mjöl, 50 g socker och salt i en skål och gnid in smöret eller margarinet tills blandningen liknar ströbröd. Blanda i ägg- och jästblandningen och knåda väl till en smidig deg. Täck över och låt stå på en varm plats i 1 timme. Knåda igen och kavla ut till en tjocklek av 2 cm. Skär i ringar med en 8cm/3in skärare och skär ut mitten med en 4cm/1½in skärare.

Lägg på en smord bakplåt (kakor) och låt jäsa i 20 minuter. Värm oljan tills den nästan ryker och stek sedan munkarna några minuter i taget tills de är gyllenbruna. Dränera väl. Lägg resterande socker och kanel i en påse och skaka munkarna i påsen tills de är väl belagda.

Potatismunkar

Gör 24

15 ml/1 msk torkad jäst

60 ml/4 matskedar varmt vatten

25 g/1 oz/2 matskedar (superfint) strösocker

25 g/1 oz/2 matskedar ister (förkortning)

1,5 ml/¼ tsk salt

75 g/3 oz/1/3 kopp potatismos

1 ägg, uppvispat

120 ml/4 fl oz/½ kopp mjölk, kokt

300 g/10 oz/2½ koppar starkt, vanligt (bröd) mjöl

Olja för stekning

Strösocker att strö över

Lös upp jästen i det varma vattnet med en tesked socker och låt den skumma. Blanda ister, resterande socker och salt. Rör ner potatis, jästblandning, ägg och mjölk, tillsätt gradvis mjölet och blanda till en smidig deg. Vänd upp på mjölad yta och knåda väl. Lägg i en smord skål, täck med plastfolie (plastfolie) och låt stå på en varm plats i ca 1 timme tills den fördubblats i volym.

Knåda igen och kavla ut till en tjocklek av 1 cm. Skär i ringar med en 8cm/3in skärare, skär sedan ut mitten med en 4cm/1½in skärare för att göra munformer. Låt jäsa tills det fördubblats. Hetta upp oljan och stek munkarna tills de är gyllenbruna. Strö över socker och låt svalna.

Naan bröd

Gör 6

2,5 ml/½ tsk torkad jäst

60 ml/4 matskedar varmt vatten

350 g/12 oz/3 koppar allroundmjöl

10 ml/2 tsk bakpulver

En nypa salt

150 ml/¼ pt/2/3 kopp yoghurt

Smält smör för pensling

Blanda jäst och varmt vatten och låt stå på en varm plats i 10 minuter tills det skummar. Blanda jästblandningen med mjöl, bakpulver och salt och bearbeta yoghurten till en mjuk deg. Knåda tills det inte längre är kladdigt. Lägg i en oljad skål, täck över och låt jäsa i 8 timmar.

Dela degen i sex bitar och rulla till ca 5 mm tjocka ovaler. Lägg på en smord plåt (kakor) och pensla med smält smör. Grilla (grill) under en medelstor grill (grill) i cirka 5 minuter tills den är lätt pösigt, vänd sedan och pensla den andra sidan med smör och grilla i ytterligare 3 minuter tills den fått lite färg.

Havre Bannocks

Gör 4

100 g/4 oz/1 kopp medelstor havregryn

2,5 ml/½ tsk salt

En nypa natriumbikarbonat (bakpulver)

10 ml/2 tsk olja

60 ml/4 tsk varmt vatten

Blanda de torra ingredienserna i en skål och gör en brunn i mitten. Rör ner oljan och tillräckligt med vatten för att göra en hård deg. Vänd ut på en lätt mjölad yta och knåda tills den är slät. Kavla ut till ca 5 mm/¼ tjocklek, putsa kanterna och skär i fjärdedelar. Hetta upp en grillpanna eller tjockpanna (panna) och stek (svits) bannockarna i cirka 20 minuter tills hörnen börjar krypa. Vänd och stek den andra sidan i 6 minuter.

Pikelets

Gör 8

10 ml/2 tsk färsk jäst eller 5 ml/1 tsk torkad jäst

5 ml/1 tsk (superfint) strösocker

300 ml/½ pt/1¼ koppar mjölk

1 ägg

225 g/8 oz/2 koppar vanligt mjöl (all-purpose)

5 ml/1 tsk salt

Olja för gnidning

Blanda jäst och socker med lite av mjölken till en pasta och blanda sedan i resten av mjölken och ägget. Rör ner vätskan i mjölet och saltet och blanda till en tunn smet. Täck över och låt stå på en varm plats i 30 minuter tills dubbel storlek. Hetta upp en grillpanna eller tung stekpanna (stekpanna) och smörj den lätt. Häll koppar av blandningen på bakplåten och koka i cirka 3 minuter tills botten är brun, vänd sedan och tillaga i cirka 2 minuter på andra sidan. Upprepa med den återstående blandningen.

Easy Drop Scones

Gör 15

100 g / 4 oz / 1 kopp självhöjande (självjäsande) mjöl

En nypa salt

15 ml/1 msk (superfint) strösocker

1 ägg

150 ml/¼ pt/2/3 kopp mjölk

Olja för gnidning

Blanda mjöl, salt och socker och gör en brunn i mitten. Släpp ägget och arbeta gradvis in ägg och mjölk tills du har en slät smet. Hetta upp en stor stekpanna (stekpanna) och smörj den lätt. När det är varmt, lägg i skedar smet i pannan så att de blir runda. Grädda i ca 3 minuter tills sconesen (kexen) är puffade och gyllenbruna i botten, vänd dem sedan och bryn andra sidan. Servera varm eller varm.

Lönnlakritsscones

Gör 30

200 g / 7 oz / 1¾ koppar självhöjande (självhöjande) mjöl

25 g/1 oz/¼ kopp rismjöl

10 ml/2 tsk bakpulver

25 g/1 oz/2 matskedar (superfint) strösocker

En nypa salt

15 ml/1 msk lönnsirap

1 ägg, uppvispat

200 ml/7 fl oz/skanna 1 kopp mjölk

solrosolja

50 g/2 oz/¼ kopp smör eller margarin, mjukat

15 ml/1 msk finhackade valnötter

Blanda mjöl, bakpulver, socker och salt och gör en brunn i mitten. Tillsätt lönnsirap, ägg och hälften av mjölken och vispa till en jämn smet. Rör ner resten av mjölken till en tjock smet. Hetta upp lite olja i en stekpanna (panna) och häll av överskottet. Häll upp skedar av smeten i pannan och stek (svits) tills botten är gyllenbrun. Vänd och stek de andra sidorna. Ta ur formen och håll varmt medan du gräddar resterande scones. Mosa smöret eller margarinet med nötterna och toppa de varma sconesen med det smaksatta smöret till servering.

Grillscones

Gör 12

225 g/8 oz/2 koppar vanligt mjöl (all-purpose)

5 ml/1 tsk bikarbonat (bakpulver)

10 ml/2 tsk grädde tartar

2,5 ml/½ tsk salt

25 g/2 msk ister (fett) eller smör

25 g/1 oz/2 matskedar (superfint) strösocker

150 ml/¼ pt/2/3 kopp mjölk

Olja för gnidning

Blanda mjöl, läsk, grädde av tartar och salt tillsammans. Gnid in ister eller smör och rör sedan ner sockret. Blanda gradvis i mjölken tills du har en mjuk deg. Skär degen på mitten och knåda och forma var och en till en platt runda ca 1 cm tjock. Skär varje varv i sex. Hetta upp en grillpanna eller stor stekpanna (panna) och olja lätt. När sconesen (kexen) är varma, lägg dem i pannan och koka i ca 5 minuter tills de är gyllenbruna i botten, vänd dem sedan och tillaga på andra sidan. Låt svalna på galler.

Ostliknande bakplåtsscones

Gör 12

25 g/2 msk smör eller margarin, uppmjukat

100 g/4 oz/½ kopp keso

5 ml/1 tsk färsk hackad gräslök

2 ägg, vispade

40 g/1½ oz/1/3 kopp vanligt mjöl (all-purpose)

15 g/½ oz/2 matskedar rismjöl

5 ml/1 tsk bakpulver

15 ml/1 msk mjölk

Olja för gnidning

Vispa alla ingredienser utom oljan till en tjock smet. Hetta upp lite olja i en stekpanna (panna) och häll av överflödig olja. Stek (svits) skedar av blandningen tills botten är gyllenbrun. Vänd på sconesen (kakorna) och grädda på andra sidan. Ta ur formen och håll varmt medan du gräddar resterande scones

Särskilda skotska pannkakor

Gör 12

100 g / 4 oz / 1 kopp vanligt mjöl (alltså)

10 ml/2 tsk (superfint) strösocker

5 ml/1 tsk grädde tartar

2,5 ml/½ tsk salt

2,5 ml/½ tsk bikarbonat (bakpulver)

1 ägg

5 ml/1 tsk gyllene (ljus majs) sirap

120 ml/4 fl oz/½ kopp varm mjölk

Olja för gnidning

Blanda de torra ingredienserna och gör en brunn i mitten. Vispa ägget med sirap och mjölk och blanda ner detta i mjölblandningen tills du har en väldigt tjock smet. Täck över och låt stå i ca 15 minuter tills blandningen börjar bubbla. Hetta upp en stor stekpanna eller tjockpanna (panna) och smörj den lätt. Släpp små skedar av smeten på plåten och tillaga ena sidan i cirka 3 minuter tills undersidan är gyllenbrun, vänd sedan och tillaga den andra sidan i cirka 2 minuter. Varva pannkakorna i en varm kökshandduk (disktrasa) medan du steker resterande smet. Servera färsk och smörad, rostad eller bakad (stekt).

Skotska fruktpannkakor

Gör 12

100 g / 4 oz / 1 kopp vanligt mjöl (alltså)

10 ml/2 tsk (superfint) strösocker

5 ml/1 tsk grädde tartar

2,5 ml/½ tsk salt

2,5 ml/½ tsk bikarbonat (bakpulver)

100 g/4 oz/2/3 kopp russin

1 ägg

5 ml/1 tsk gyllene (ljus majs) sirap

120 ml/4 fl oz/½ kopp varm mjölk

Olja för gnidning

Blanda de torra ingredienserna och russinen och gör en brunn i mitten. Vispa ägget med sirap och mjölk och blanda ner detta i mjölblandningen tills du har en väldigt tjock smet. Täck över och låt stå i ca 15 minuter tills blandningen börjar bubbla. Hetta upp en stor stekpanna eller tjockpanna (panna) och smörj den lätt. Släpp små skedar av smeten på plåten och tillaga ena sidan i cirka 3 minuter tills undersidan är gyllenbrun, vänd sedan och tillaga den andra sidan i cirka 2 minuter. Varva pannkakorna i en varm kökshandduk (disktrasa) medan du steker resten. Servera färsk och smörad, rostad eller bakad (stekt).

Scotch apelsinpannkakor

Gör 12

100 g / 4 oz / 1 kopp vanligt mjöl (alltså)

10 ml/2 tsk (superfint) strösocker

5 ml/1 tsk grädde tartar

2,5 ml/½ tsk salt

2,5 ml/½ tsk bikarbonat (bakpulver)

10 ml/2 tsk rivet apelsinskal

1 ägg

5 ml/1 tsk gyllene (ljus majs) sirap

120 ml/4 fl oz/½ kopp varm mjölk

Några droppar apelsinessens (extrakt)

Olja för gnidning

Blanda de torra ingredienserna och apelsinskalet och gör en brunn i mitten. Vispa ägget med sirap, mjölk och apelsinessens och blanda ner detta i mjölblandningen tills du har en väldigt tjock smet. Täck över och låt stå i ca 15 minuter tills blandningen börjar bubbla. Hetta upp en stor stekpanna eller tjockpanna (panna) och smörj den lätt. Släpp små skedar av smeten på plåten och tillaga ena sidan i cirka 3 minuter tills undersidan är gyllenbrun, vänd sedan och tillaga den andra sidan i cirka 2 minuter. Varva pannkakorna i en varm kökshandduk (disktrasa) medan du steker resten. Servera färsk och smörad, rostad eller bakad (stekt).

Sjunger Hinny

Gör 12

225 g/8 oz/2 koppar vanligt mjöl (all-purpose)

2,5 ml/½ tsk salt

2,5 ml/½ tsk bakpulver

50 g/2 oz/¼ kopp ister (förkortning)

50 g/2 oz/¼ kopp smör eller margarin

100 g/4 oz/2/3 kopp vinbär

120 ml/½ kopp mjölk

Olja för gnidning

Blanda de torra ingredienserna och gnid sedan in ister och smör eller margarin tills blandningen liknar ströbröd. Rör ner vinbären och gör en brunn i mitten. Rör ner tillräckligt med mjölk för att göra en hård deg. Kavla ut på en lätt mjölad yta till ca 1 cm tjocklek och sticka ovansidan med en gaffel. Hetta upp en grillpanna eller tjockpanna (stekpanna) och smörj den lätt. Grädda kakan i ca 5 minuter tills bottnen är gyllenbrun, vänd den sedan och stek den andra sidan i ca 4 minuter. Servera delad och smörad.

Welsh Pies

Serverar 4

225 g/8 oz/2 koppar vanligt mjöl (all-purpose)

5 ml/1 tsk bakpulver

2,5 ml/½ tsk malda blandade (äppelpaj) kryddor

50 g/2 oz/¼ kopp smör eller margarin

50 g/2 oz/¼ kopp ister (förkortning)

75 g/3 oz/1/3 kopp strösocker (superfint).

50 g/2 oz/1/3 kopp vinbär

1 ägg, uppvispat

30–45 ml/2–3 matskedar mjölk

Blanda mjöl, bakpulver och blandade örter i en skål. Gnid in smör eller margarin och ister tills blandningen liknar ströbröd. Rör ner socker och vinbär. Rör ner ägget och tillräckligt med mjölk för att göra en hård deg. Kavla ut på mjölat bord till en tjocklek av 5 mm/ och skär i 7,5 cm/3 cirklar. Stek på en smord plåt i ca 4 minuter på varje sida tills de är gyllenbruna.

Walesiska pannkakor

Gör 12

175 g/6 oz/1½ koppar allroundmjöl

2,5 ml/½ tsk grädde av tartar

2,5 ml/½ tsk bikarbonat (bakpulver)

50 g/2 oz/¼ kopp (superfint) socker

25 g/2 msk smör eller margarin

1 ägg, uppvispat

120 ml/½ kopp mjölk

2,5 ml/½ tsk vinäger

Olja för gnidning

Blanda de torra ingredienserna och rör ner sockret. Gnid in smöret eller margarinet och gör en brunn i mitten. Blanda i ägget och lagom mycket av mjölken för att göra en tunn smet. Rör ner vinägern. Hetta upp en grillpanna eller tjockpanna (stekpanna) och smörj den lätt. Släpp stora skedar smet i pannan och stek (svits) i ca 3 minuter tills den är gyllenbrun i botten. Vänd och stek den andra sidan i ca 2 minuter. Servera varm och smörad.

Mexikanskt kryddat majsbröd

Gör 8 rullar

225 g / 8 oz / 2 koppar självhöjande (självjäsande) mjöl

5 ml/1 tsk chilipulver

2,5 ml/½ tsk bikarbonat (bakpulver)

200 g/7 oz/1 liten burk krämig majs (majs)

15 ml/1 msk currypasta

250 ml/8 fl oz/1 kopp yoghurt

Olja för stekning

Blanda mjöl, chilipulver och natriumbikarbonat. Rör ner resten av ingredienserna förutom oljan och blanda till en mjuk deg. Vänd ut på en lätt mjölad yta och knåda försiktigt tills den är slät. Skär i åtta bitar och klappa varje i en 13 cm/5 runda. Hetta upp oljan i en tjockpanna (panna) och stek (svits) majsbrödet i 2 minuter på varje sida tills det är brunt och lätt puffat.

Svenskt tunnbröd

Gör 4

225 g / 8 oz / 2 koppar fullkornsmjöl (helvete)

225 g / 8 oz / 2 koppar råg- eller kornmjöl

5 ml/1 tsk salt

Cirka 250 ml/8 fl oz/1 kopp ljummet vatten

Olja för gnidning

Blanda mjöl och salt i en skål och arbeta sedan gradvis i vattnet tills du har en stel deg. Beroende på vilket mjöl du använder kan du behöva lite mer eller mindre vatten. Vispa väl tills blandningen lämnar skålens sidor, vänd sedan ut på en lätt mjölad yta och knåda i 5 minuter. Dela degen i fjärdedelar och kavla ut tunt till 20 cm/8in rundlar. Hetta upp en grillpanna eller stor stekpanna (panna) och smörj den lätt. Grädda (svits) ett eller två bröd åt gången i ca 15 minuter på varje sida tills de är gyllenbruna.

Ångat råg- och majsbröd

För en limpa på 23 cm/9 tum

175 g/6 oz/1½ koppar rågmjöl

175 g/6 oz/1½ koppar fullkornsmjöl (helvete)

100 g/4 oz/1 kopp havregryn

10 ml/2 tsk bikarbonat (bakpulver)

5 ml/1 tsk salt

450 ml/¾ pt/2 koppar mjölk

175 g/6 oz/½ kopp svart sirap (melass)

10 ml/2 tsk citronsaft

Blanda mjöl, havregryn, natriumbikarbonat och salt. Värm mjölk, sirap och citronsaft tills det är ljummet och rör sedan ner de torra ingredienserna. Häll upp i en smord 23 cm/9" puddingform och täck med skrynklig folie. Lägg i en stor kastrull och fyll på med tillräckligt med varmt vatten för att komma halvvägs upp på sidorna av formen. Täck över och koka i 3 timmar, tillsätt kokande vatten om det behövs. Låt stå över natten innan servering.

Ångat Sockermajsbröd

Gör två 450 g/1 lb bröd

175 g/6 oz/1½ koppar allroundmjöl

225 g/8 oz/2 koppar majsmjöl

15 ml/1 msk bakpulver

En nypa salt

3 ägg

45 ml/3 msk olja

150 ml/¼ pt/2/3 kopp mjölk

300 g/11 oz konserverad majs (majs), avrunnen och mosad

Blanda mjöl, majsmjöl, bakpulver och salt. Vispa ihop ägg, olja och mjölk och rör ner de torra ingredienserna med sockermajsen. Häll upp i två smorda 450g/1lb brödformar (pannor) och lägg i en stor kastrull fylld med tillräckligt med kokande vatten för att komma halvvägs upp på formarnas sidor. Täck och låt sjuda i 2 timmar, tillsätt kokande vatten om det behövs. Låt svalna i formarna innan du vänder och skär.

Chapatis av fullkorn

Gör 12

225 g / 8 oz / 2 koppar fullkornsmjöl (helvete)

5 ml/1 tsk salt

150 ml/¼ pt/2/3 kopp vatten

Blanda mjöl och salt i en skål och arbeta sedan gradvis i vattnet tills du har en stel deg. Dela i 12 bitar och kavla ut tunt på mjölad arbetsyta. Smörj en tjockbottnad långpanna (stekpanna) eller stekpanna och stek (svits) några chapatis i taget på medelvärme tills undersidan är brun. Vänd och stek den andra sidan tills den är lätt brun. Håll chapatin varm medan du steker resten. Servera smörad på ena sidan om så önskas.

Fullkorn Puris

Gör 8

100 g / 4 oz / 1 kopp fullkornsmjöl (helvete)

100 g / 4 oz / 1 kopp vanligt mjöl (alltså)

2,5 ml/½ tsk salt

25 g/2 msk smör eller margarin, smält

150 ml/¼ pt/2/3 kopp vatten

Olja för stekning

Blanda mjöl och salt och gör en brunn i mitten. Tillsätt smöret eller margarinet. Tillsätt vattnet gradvis och blanda till en fast deg. Knåda i 5-10 minuter, täck med en fuktig trasa och låt stå i 15 minuter.

Dela degen i åtta bitar och kavla ut varje deg till en tunn bit på 13 cm. Hetta upp oljan i en stor tjockpanna (panna) och stek (svits) purisen en eller två i taget tills de blåser upp och är krispiga och gyllenbruna. Låt rinna av på hushållspapper (hushållspapper).

mandelkakor

Gör 24

100 g/4 oz/½ kopp smör eller margarin, uppmjukat

50 g/2 oz/¼ kopp (superfint) socker

100 g / 4 oz / 1 kopp självhöjande (självjäsande) mjöl

25 g/1 oz/¼ kopp mald mandel

Några droppar mandelessens (extrakt)

Vispa smör eller margarin och socker ljust och pösigt. Rör ner mjöl, mald mandel och mandelessens tills det blir hårt. Forma stora valnötsstora bollar och lägg dem väl isär på en smord plåt (kakor), tryck sedan lätt med en gaffel för att platta till. Grädda kexen (kexen) i en förvärmd ugn vid 180°C/350°F/gasmark 4 i 15 minuter tills de är gyllenbruna.

Mandel lockar

Gör 30

100 g / 4 oz / 1 kopp skivad (skivad) mandel

100 g/4 oz/½ kopp smör eller margarin

100 g/4 oz/½ kopp (superfint) socker

30 ml/2 msk mjölk

15–30 ml/1–2 msk vanligt mjöl

Lägg mandel, smör eller margarin, socker och mjölk i en kastrull med 15 ml/1 msk mjöl. Värm försiktigt under omrörning tills det blandas, tillsätt återstående mjöl om det behövs för att hålla ihop blandningen. Lägg skedarna väl isär på en smord och mjölad bakplåt och grädda i en förvärmd ugn vid 180°C/350°F/gasmark 4 i 8 minuter tills de fått lite färg. Låt svalna på bakplåten i cirka 30 sekunder, forma sedan till lockar runt handtaget på en träslev. Om de blir för kalla för att forma, sätt tillbaka dem i ugnen i några sekunder för att värma upp dem innan du formar resten.

Mandelringar

Gör 24

100 g/4 oz/½ kopp smör eller margarin, uppmjukat

100 g/4 oz/½ kopp (superfint) socker

1 ägg, separerat

225 g/8 oz/2 koppar vanligt mjöl (all-purpose)

5 ml/1 tsk bakpulver

5 ml/1 tsk rivet citronskal

50 g/2 oz/½ kopp skivad (skivad) mandel

Strösocker (superfint) för att strö över

Vispa smör eller margarin och socker ljust och pösigt. Vispa gradvis i äggulan, arbeta sedan in mjöl, bakpulver och citronskal, avsluta med händerna tills blandningen tjocknar. Kavla ut till en tjocklek av 5 mm och skär i 6 cm rundor med hjälp av en kakskärare (kakor) och skär sedan ut mitten med en 2 cm skärare. Lägg kakorna väl isär på en smord plåt och sticka dem med en gaffel. Grädda i en förvärmd ugn vid 180°C/350°F/gasmark 4 i 10 minuter. Pensla med äggvita, strö över mandel och socker och ställ in i ugnen i ytterligare 5 minuter tills de är lätt gyllenbruna.

Medelhavets tonsillsprickor

Gör 24

2 ägg, separerade

175 g/6 oz/1 kopp florsocker (konditorer), siktat

10 ml/2 tsk bakpulver

Rivet skal av ½ citron

Några droppar vaniljessens (extrakt)

400 g/14 oz/3½ koppar mald mandel

Vispa gulorna och en äggvita med sockret tills det blir blekt och fluffigt. Slå i alla resterande ingredienser och blanda till en fast deg. Rulla till valnötsstora bollar och lägg på en smord plåt (kakor) och tryck försiktigt för att platta till. Grädda i en förvärmd ugn vid 180°C/350°F/gasmarkering 4 i 15 minuter tills den är gyllenbrun och sprucken på ytan.

Mandel- och chokladkakor

Gör 24

50 g/2 oz/¼ kopp smör eller margarin, mjukat

75 g/3 oz/1/3 kopp strösocker (superfint).

1 litet ägg, uppvispat

100 g / 4 oz / 1 kopp vanligt mjöl (alltså)

2,5 ml/½ tsk bakpulver

25 g/1 oz/¼ kopp mald mandel

25 g/1 oz/¼ kopp mörk (halvsöt) choklad, riven

Vispa smör eller margarin och socker ljust och pösigt. Vispa gradvis i ägget och rör ner resten av ingredienserna tills en ganska styv deg bildas. Om blandningen är för blöt, tillsätt lite mer mjöl. Slå in i plastfolie (plastfolie) och låt svalna i 30 minuter.

Kavla ut degen till en cylinderform och skär i 1 cm/½ skivor. Ordna, väl fördelade, på en smord bakplåt (kex) och grädda i en förvärmd ugn vid 190°C/375°F/gasmark 5 i 10 minuter.

Amish frukt- och nötkakor

Gör 24

100 g/4 oz/½ kopp smör eller margarin, uppmjukat

175 g/6 oz/¾ kopp (superfint) socker

1 ägg

75 ml/5 msk mjölk

75 g/3 oz/¼ kopp svart sirap (melass)

250 g/9 oz/2¼ koppar vanligt mjöl (all-purpose)

10 ml/2 tsk bakpulver

15 ml/1 msk mald kanel

10 ml/2 tsk bikarbonat (bakpulver)

2,5 ml/½ tsk riven muskotnöt

50 g/2 oz/½ kopp medelstor havregryn

50 g/2 oz/1/3 kopp russin

25 g/1 oz/¼ kopp hackade blandade nötter

Vispa smör eller margarin och socker ljust och pösigt. Vispa gradvis i ägget, sedan mjölken och sirapen. Vänd ner resterande ingredienser och knåda ihop till en fast deg. Tillsätt lite mer mjölk om blandningen är för styv för att fungera, eller lite mer mjöl om den är för kladdig; konsistensen beror på vilket mjöl du använder. Kavla ut degen till en tjocklek av ca 5 mm och skär ut rundlar med en kakform. Lägg dem på en smord bakplåt (kex) och grädda i en förvärmd ugn vid 180°C/350°F/gasmark 4 i 10 minuter tills de är gyllenbruna.

Aniskakor

Gör 16

175 g/6 oz/¾ kopp (superfint) socker

2 äggvitor

1 ägg

100 g / 4 oz / 1 kopp vanligt mjöl (alltså)

5 ml/1 tsk mald anis

Vispa ihop socker, äggvita och ägg i 10 minuter. Vispa gradvis i mjölet och rör ner anisen. Häll blandningen i en brödform på 450 g/1lb och grädda i en förvärmd ugn vid 180°C/350°F/gasmarkering 4 i 35 minuter tills ett spett som sticks in i mitten kommer ut rent. Ta ur formen och skär i 1 cm/½ skivor. Lägg kakorna (kakorna) på sidorna på en smord bakplåt (kakor) och återvänd till ugnen i ytterligare 10 minuter, vänd halvvägs igenom.

Banan-, havre- och apelsinjuicekakor

Gör 24

100 g/4 oz/½ kopp smör eller margarin, uppmjukat

100 g mogna bananer, mosade

120 ml/4 fl oz/½ kopp apelsinjuice

4 äggvitor, lätt vispade

10 ml/2 tsk vaniljessens (extrakt)

5 ml/1 tsk finrivet apelsinskal

225 g/8 oz/2 koppar havregryn

225 g/8 oz/2 koppar vanligt mjöl (all-purpose)

5 ml/1 tsk bikarbonat (bakpulver)

5 ml/1 tsk riven muskotnöt

En nypa salt

Vispa smöret eller margarinet mjukt och rör sedan ner bananerna och apelsinjuicen. Blanda äggvitan, vaniljessensen och apelsinskalet och rör ner i bananblandningen, följt av resterande ingredienser. Häll upp skedar på bakplåtar och grädda i en förvärmd ugn vid 180°C/350°F/gasmark 4 i 20 minuter tills de är gyllenbruna.

Grundläggande cookies

Gör 40

100 g/4 oz/½ kopp smör eller margarin, uppmjukat

100 g/4 oz/½ kopp (superfint) socker

1 ägg, uppvispat

5 ml/1 tsk vaniljessens (extrakt)

225 g/8 oz/2 koppar vanligt mjöl (all-purpose)

Vispa smör eller margarin och socker ljust och pösigt. Vispa gradvis i ägget och vaniljessensen, vänd sedan ner mjölet och knåda till en smidig deg. Rulla till en boll, linda in i plastfolie (plastfolie) och låt svalna i 1 timme.

Kavla ut degen till en tjocklek av 5 mm och skär ut rundlar med en kakform. Lägg på en smord bakplåt och grädda i en förvärmd ugn vid 200°C/400°F/gasmark 6 i 10 minuter tills de är gyllenbruna. Låt svalna på plåt i 5 minuter innan du överför till ett galler för att svalna.

Krispiga klikakor

Gör 16

100 g / 4 oz / 1 kopp fullkornsmjöl (helvete)

100 g/4 oz/½ kopp mjukt farinsocker

25 g/1 oz/¼ kopp havregryn

25 g/1 oz/½ kopp kli

5 ml/1 tsk bikarbonat (bakpulver)

5 ml/1 tsk ingefärapulver

100 g/4 oz/½ kopp smör eller margarin

15 ml/1 msk gyllene (ljus majs) sirap

15 ml/1 msk mjölk

Blanda ihop de torra ingredienserna. Smält smöret med sirapen och mjölken och blanda det sedan med de torra ingredienserna till en fast deg. Lägg skedar av kexblandningen på en smord bakplåt och grädda i en förvärmd ugn vid 160°C/325°F/gasmark 3 i 15 minuter tills de är gyllenbruna.

Sesamkli kakor

Gör 12

225 g / 8 oz / 2 koppar fullkornsmjöl (helvete)

5 ml/1 tsk bakpulver

25 g/1 oz/½ kopp kli

En nypa salt

50 g/2 oz/¼ kopp smör eller margarin

45 ml/3 msk mjukt farinsocker

45 ml/3 msk sultanor (gyllene russin)

1 ägg, lätt uppvispat

120 ml/½ kopp mjölk

45 ml/3 matskedar sesamfrön

Blanda mjöl, bakpulver, kli och salt och gnid in smöret eller margarinet tills blandningen liknar ströbröd. Rör ner socker och sultan och blanda i ägget och tillräckligt med mjölk för att bilda en mjuk men inte kladdig deg. Kavla ut till en tjocklek av 1 cm och skär ut rundlar med en kakform. Lägg på en smord plåt, pensla med mjölk och strö över sesamfrön. Grädda i en förvärmd ugn vid 220°C/425°F/gasmark 7 i 10 minuter tills de är gyllenbruna.

Brandy kex med kummin

Gör 30

25 g/2 msk smör eller margarin, uppmjukat

75 g/3 oz/1/3 kopp mjukt farinsocker

ägg

10 ml/2 tsk konjak

175 g/6 oz/1½ koppar allroundmjöl

10 ml/2 tsk kumminfrön

5 ml/1 tsk bakpulver

En nypa salt

Vispa smör eller margarin och socker ljust och pösigt. Vispa gradvis i ägget och konjaken, rör sedan ner resterande ingredienser och blanda till en hård deg. Slå in i plastfolie (plastfolie) och låt svalna i 30 minuter.

Kavla ut degen på en lätt mjölad yta till ca 3 mm tjocklek och skär ut rundlar med en kakform. Lägg kexen på en smord bakplåt och grädda i en förvärmd ugn vid 200°C/400°F/gasmark 6 i 10 minuter.

Brandy Snaps

Gör 30

100 g/4 oz/½ kopp smör eller margarin

100 g / 4 oz / 1/3 kopp gyllene (ljus majs) sirap

100 g/4 oz/½ kopp demerara socker

100 g / 4 oz / 1 kopp vanligt mjöl (alltså)

5 ml/1 tsk ingefärapulver

5 ml/1 tsk citronsaft

Smält smör eller margarin, sirap och socker i en kastrull. Låt svalna något och rör sedan ner mjöl och ingefära, följt av citronsaften. Släpp teskedar av blandningen 10 cm från varandra på smorda bakplåtar och grädda i en förvärmd ugn vid 180°C/350°F/gasmark 4 i 8 minuter tills den är gyllenbrun. Låt svalna en minut, lyft sedan av bakplåten med en skiva och rulla runt det smorda handtaget på en träslev. Ta bort handtaget på skeden och låt den svalna på ett galler. Om snapsarna blir för hårda innan de formas, sätt tillbaka dem i ugnen i en minut för att värma och mjukna.

Smörkakor

Gör 24

100 g/4 oz/½ kopp smör eller margarin, uppmjukat

50 g/2 oz/¼ kopp (superfint) socker

Rivet skal av 1 citron

150 g/5 oz/1¼ koppar självhöjande mjöl

Vispa smör eller margarin och socker ljust och pösigt. Arbeta in citronskalet och blanda sedan i mjölet tills det blir stelt. Forma stora valnötsstora bollar och lägg dem väl isär på en smord plåt (kakor), tryck sedan lätt med en gaffel för att platta till. Grädda kexen (kexen) i en förvärmd ugn vid 180°C/350°F/gasmark 4 i 15 minuter tills de är gyllenbruna.

Butterscotch Cookies

Gör 40

100 g/4 oz/½ kopp smör eller margarin, uppmjukat

100 g/4 oz/½ kopp mörkt mjukt farinsocker

1 ägg, uppvispat

1,5 ml/¼ tsk vaniljessens (extrakt)

225 g/8 oz/2 koppar vanligt mjöl (all-purpose)

7,5 ml/1½ tesked bakpulver

En nypa salt

Vispa smör eller margarin och socker ljust och pösigt. Vispa gradvis i ägget och vaniljessensen. Blanda i mjöl, bakpulver och salt. Forma degen till tre rullar på cirka 5 cm/2 i diameter, linda in i matfilm (plastfolie) och kyl i 4 timmar eller över natten.

Skär i 3 mm/1/8 tjocka skivor och arrangera på osmorda bakplåtar. Grädda kexen (kexen) i en förvärmd ugn vid 190°C/375°F/gasmark 5 i 10 minuter tills de fått lite färg.

Karamellkakor

Gör 30

50 g/2 oz/¼ kopp smör eller margarin, mjukat

50 g/2 oz/¼ kopp ister (förkortning)

225 g/8 oz/1 kopp mjukt farinsocker

1 ägg, lätt uppvispat

175 g/6 oz/1½ koppar allroundmjöl

1,5 ml/¼ tsk bikarbonat (bakpulver)

1,5 ml/¼ tsk grädde av tartar

En nypa riven muskotnöt

10 ml/2 tsk vatten

2,5 ml/½ tsk vaniljessens (extrakt)

Vispa smör eller margarin, ister och socker ljust och pösigt. Vispa gradvis i ägget. Vänd ner mjöl, läsk, grädde av tartar och muskotnöt, tillsätt vattnet och vaniljessensen och blanda till en mjuk deg. Rulla till en korvform, slå in i plastfolie (plastfolie) och ställ i kylen i minst 30 minuter, gärna längre.

Skär degen i 1 cm/½ skivor och lägg dem på en smord bakplåt (kakor). Grädda kexen (kexen) i en förvärmd ugn vid 180°C/350°F/gasmarkering 4 i 10 minuter tills de är gyllenbruna.

Morot och valnötskakor

Gör 48

175 g/6 oz/¾ kopp smör eller margarin, mjukat

100 g/4 oz/½ kopp mjukt farinsocker

50 g/2 oz/¼ kopp (superfint) socker

1 ägg, lätt uppvispat

225 g/8 oz/2 koppar vanligt mjöl (all-purpose)

5 ml/1 tsk bakpulver

2,5 ml/½ tsk salt

100 g/4 oz/½ kopp mosade kokta morötter

100 g / 4 oz / 1 kopp valnötter, hackade

Vispa smör eller margarin och socker tills det blir ljust och pösigt. Vispa gradvis i ägget och vänd sedan ner mjöl, bakpulver och salt. Vänd ner de mosade morötterna och valnötterna. Släpp små skedar på en smord bakplåt och grädda i en förvärmd ugn vid 200°C/400°F/gasmark 6 i 10 minuter.

Morots- och valnötskakor med apelsinglass

Gör 48

För kexen (kexen):

175 g/6 oz/¾ kopp smör eller margarin, mjukat

100 g/4 oz/½ kopp (superfint) socker

50 g/2 oz/¼ kopp mjukt farinsocker

1 ägg, lätt uppvispat

225 g/8 oz/2 koppar vanligt mjöl (all-purpose)

5 ml/1 tsk bakpulver

2,5 ml/½ tsk salt

5 ml/1 tsk vaniljessens (extrakt)

100 g/kopp mosade kokta morötter

100 g / 4 oz / 1 kopp valnötter, hackade

För glasyren (glasyren):

175 g/6 oz/1 kopp florsocker (konditorer), siktat

10 ml/2 tsk rivet apelsinskal

30 ml/2 msk apelsinjuice

Till kakorna, vispa smöret eller margarinet och sockret tills det blir ljust och fluffigt. Vispa gradvis i ägget och vänd sedan ner mjöl, bakpulver och salt. Vänd ner vaniljessensen, mosad morot och valnötter. Släpp små skedar på en smord bakplåt och grädda i en förvärmd ugn vid 200°C/400°F/gasmark 6 i 10 minuter.

För att göra glasyren, lägg florsockret i en skål, rör ner apelsinskalet och gör en brunn i mitten. Arbeta in apelsinjuicen lite i taget tills du har en slät men ganska tjock glasyr. Dela kakorna medan de fortfarande är varma, låt dem svalna och stelna.

Körsbärskakor

Gör 48

100 g/4 oz/½ kopp smör eller margarin, uppmjukat

100 g/4 oz/½ kopp (superfint) socker

1 ägg, uppvispat

5 ml/1 tsk vaniljessens (extrakt)

225 g/8 oz/2 koppar vanligt mjöl (all-purpose)

50 g/2 oz/¼ kopp glacé (kanderade) körsbär, hackade

Vispa smör eller margarin och socker ljust och pösigt. Vispa gradvis i ägget och vaniljessensen, vänd sedan ner mjöl och körsbär och knåda till en smidig deg. Rulla till en boll, linda in i plastfolie (plastfolie) och låt svalna i 1 timme.

Kavla ut degen till en tjocklek av 5 mm och skär ut rundlar med en kakform. Lägg på en smord bakplåt och grädda i en förvärmd ugn vid 200°C/400°F/gasmark 6 i 10 minuter tills de är gyllenbruna. Låt svalna på plåt i 5 minuter innan du överför till ett galler för att svalna.

Körsbärs- och mandelringar

Gör 24

100 g/4 oz/½ kopp smör eller margarin, uppmjukat

100 g / 4 oz / ½ kopp (superfint) socker, plus extra för strö

1 ägg, separerat

225 g/8 oz/2 koppar vanligt mjöl (all-purpose)

5 ml/1 tsk bakpulver

5 ml/1 tsk rivet citronskal

60 ml/4 msk glacé (kanderade) körsbär

50 g/2 oz/½ kopp skivad (skivad) mandel

Vispa smör eller margarin och socker ljust och pösigt. Vispa gradvis i äggulan, arbeta sedan in mjöl, bakpulver, citronskal och körsbär, avsluta med händerna tills blandningen tjocknar. Kavla ut till 5 mm/¼ tjocklek och skär i 6 cm/2¼ i omgångar med en kexfräs (kakor) och skär sedan ut mitten med en 2 cm/¾ i fräs. Lägg kakorna väl isär på en smord plåt och sticka dem med en gaffel. Grädda i en förvärmd ugn vid 180°C/350°F/gasmark 4 i 10 minuter. Pensla med äggvita och strö över mandel och socker, ställ sedan in i ugnen i ytterligare 5 minuter tills den är lätt gyllenbrun.

Chokladsmörkakor

Gör 24

100 g/4 oz/½ kopp smör eller margarin

50 g/2 oz/¼ kopp (superfint) socker

100 g / 4 oz / 1 kopp självhöjande (självjäsande) mjöl

30 ml/2 msk kakaopulver (osötad choklad)

Vispa smör eller margarin och socker ljust och pösigt. Rör ner mjöl och kakao tills det blir hårt. Forma stora valnötsstora bollar och lägg dem väl isär på en smord plåt (kakor), tryck sedan lätt med en gaffel för att platta till. Grädda kexen (kexen) i en förvärmd ugn vid 180°C/350°F/gasmarkering 4 i 15 minuter tills de är bruna.

Choklad och körsbärsrullar

Gör 24

100 g/4 oz/½ kopp smör eller margarin, uppmjukat

100 g/4 oz/½ kopp (superfint) socker

1 ägg

2,5 ml/½ tsk vaniljessens (extrakt)

225 g/8 oz/2 koppar vanligt mjöl (all-purpose)

5 ml/1 tsk bakpulver

En nypa salt

25 g/1 oz/¼ kopp kakaopulver (osötad choklad)

25 g/2 msk kanderade körsbär, hackade

Vispa smör och socker ljust och pösigt. Vispa gradvis i ägget och vaniljessensen och rör sedan ner mjöl, bakpulver och salt till en hård deg. Dela degen på mitten och blanda kakaon i ena halvan och körsbären i den andra halvan. Slå in i plastfolie (plastfolie) och låt svalna i 30 minuter.

Kavla ut varje degbit till en ca 3 mm tjock rektangel, lägg den ena biten ovanpå den andra och tryck till försiktigt med kaveln. Rulla ihop från den längsta sidan och tryck försiktigt. Skär i tjocka skivor om 1 cm/½ och placera dem väl isär på en smord ugnsform. Grädda i en förvärmd ugn vid 200°C/400°F/gasmark 6 i 10 minuter.

Chocolate chip cookies

Gör 24

75 g/3 oz/1/3 kopp smör eller margarin

175 g/6 oz/1½ koppar allroundmjöl

5 ml/1 tsk bakpulver

En nypa natriumbikarbonat (bakpulver)

50 g/2 oz/¼ kopp mjukt farinsocker

45 ml/3 matskedar gyllene (ljus majs) sirap

100 g / 4 oz / 1 kopp chokladchips

Gnid in smöret eller margarinet i mjölet, bakpulvret och sodan tills blandningen liknar ströbröd. Rör ner socker, sirap och chokladchips och blanda tills en slät deg bildas. Forma små bollar och arrangera på en smord plåt (kakor) och tryck lätt till för att platta till. Grädda kexen (kexen) i en förvärmd ugn vid 190°C/375°F/gasmark 5 i 15 minuter tills de är gyllenbruna.

Kakor med choklad och bananchips

Gör 24

75 g/3 oz/1/3 kopp smör eller margarin

175 g/6 oz/1½ koppar allroundmjöl

5 ml/1 tsk bakpulver

2,5 ml/½ tsk bikarbonat (bakpulver)

50 g/2 oz/¼ kopp mjukt farinsocker

45 ml/3 matskedar gyllene (ljus majs) sirap

50 g/2 oz/½ kopp chokladchips

50 g/2 oz/½ kopp torkade bananchips, grovt hackade

Gnid in smöret eller margarinet i mjölet, bakpulvret och sodan tills blandningen liknar ströbröd. Rör ner socker, sirap, choklad och bananchips och blanda till en smidig deg. Forma små bollar och arrangera på en smord plåt (kakor) och tryck lätt till för att platta till. Grädda kexen (kexen) i en förvärmd ugn vid 190°C/375°F/gasmark 5 i 15 minuter tills de är gyllenbruna.

Choklad och nötsnacks

Gör 24

50 g/2 oz/¼ kopp smör eller margarin, mjukat

175 g/6 oz/¾ kopp (superfint) socker

1 ägg

5 ml/1 tsk vaniljessens (extrakt)

25 g/1 oz/¼ kopp mörk (halvsöt) choklad, smält

100 g / 4 oz / 1 kopp vanligt mjöl (alltså)

5 ml/1 tsk bakpulver

En nypa salt

30 ml/2 msk mjölk

25 g/1 oz/¼ kopp hackade blandade nötter

Florsocker (konfektyr), siktat, för att pudra

Vispa smör eller margarin och strösocker ljust och pösigt. Vispa gradvis i ägget och vaniljessensen och rör sedan ner chokladen. Blanda mjöl, bakpulver och salt och blanda detta växelvis med mjölken i blandningen. Rör ner nötterna, täck över och ställ i kylen i 3 timmar.

Rulla blandningen till 3 cm/1½ bollar och rulla dem i florsockret. Lägg på en lätt smord bakplåt (kex) och grädda i en förvärmd ugn vid 180°C/350°F/gasmark 4 i 15 minuter tills de fått lite färg. Servera beströdd med florsocker.

Amerikanska chocolate chip cookies

Gör 20

225 g/8 oz/1 kopp ister (förkortning)

225 g/8 oz/1 kopp mjukt farinsocker

100 g/4 oz/½ kopp strösocker

5 ml/1 tsk vaniljessens (extrakt)

2 ägg, lätt vispade

175 g/6 oz/1½ koppar allroundmjöl

5 ml/1 tsk salt

5 ml/1 tsk bikarbonat (bakpulver)

225 g/8 oz/2 koppar havregryn

350 g/12 oz/3 koppar chokladchips

Vispa ister, sockerarter och vaniljessens tills det blir ljust och pösigt. Vispa gradvis i äggen. Rör ner mjöl, salt, bikarbonat av läsk och havre och rör sedan i chokladbitarna. Häll upp skedar av blandningen på smorda bakplåtar och grädda i en förvärmd ugn vid 180°C/350°F/gasmark 4 i cirka 10 minuter tills den är gyllenbrun.

Chokladkrämer

Gör 24

175 g/6 oz/¾ kopp smör eller margarin, mjukat

175 g/6 oz/¾ kopp (superfint) socker

225 g / 8 oz / 2 koppar självhöjande (självjäsande) mjöl

75 g/3 oz/¾ kopp torkad (strimlad) kokosnöt

100 g/4 oz/4 koppar majsflingor, krossade

25 g/1 oz/¼ kopp kakaopulver (osötad choklad)

60 ml/4 matskedar kokande vatten

100 g/4 oz/1 kopp mörk (halvsöt) choklad

Rör ihop smör eller margarin och socker och rör ner mjöl, kokos och cornflakes. Blanda kakaon med det kokande vattnet och rör sedan ner det i blandningen. Rulla till 2,5 cm/1in bollar, lägg på en smord bakplåt (kakor) och tryck lätt med en gaffel för att platta till. Grädda i en förvärmd ugn vid 180°C/350°F/gasmarkering 4 i 15 minuter tills de är gyllenbruna.

Smält chokladen i en värmesäker skål över en kastrull med lätt sjudande vatten. Bred ut över hälften av kexen (kex) och tryck den andra hälften ovanpå. Låt svalna.

Chokladchips och hasselnötskakor

Gör 16

200 g/7 oz/lite 1 kopp smör eller margarin, uppmjukat

50 g/2 oz/¼ kopp (superfint) socker

100 g/4 oz/½ kopp mjukt farinsocker

10 ml/2 tsk vaniljessens (extrakt)

1 ägg, uppvispat

275 g/10 oz/2½ koppar vanligt mjöl (all-purpose)

50 g/2 oz/½ kopp kakaopulver (osötad choklad)

5 ml/1 tsk bakpulver

75 g/3 oz/¾ kopp hasselnötter

225 g / 8 oz / 2 koppar vit choklad, hackad

Vispa smör eller margarin, sockerarter och vaniljessens tills det blir blekt och fluffigt och vispa i ägget. Rör ner mjöl, kakao och bakpulver. Rör ner nötterna och chokladen tills blandningen tjocknar. Forma 16 bollar och fördela dem jämnt på en smord och klädd ugnsplåt (kakor), platta till dem sedan något med baksidan av en sked. Grädda i en förvärmd ugn vid 160°C/325°F/gasmarkering 3 i cirka 15 minuter tills den precis är genomstekt men fortfarande är något mjuk.

Choklad och muskotkakor

Gör 24

50 g/2 oz/¼ kopp smör eller margarin, mjukat

100 g/4 oz/½ kopp (superfint) socker

15 ml/1 msk kakaopulver (osötad choklad)

1 äggula

2,5 ml/½ tsk vaniljessens (extrakt)

150 g/5 oz/1¼ koppar vanligt mjöl (all-purpose)

5 ml/1 tsk bakpulver

En nypa riven muskotnöt

60 ml/4 matskedar syrlig (mejerisyra) grädde

Vispa smör eller margarin och socker ljust och pösigt. Blanda i kakaon. Vispa i äggulan och vaniljessensen och rör sedan ner mjöl, bakpulver och muskotnöt. Blanda i grädden tills den är slät. Täck över och låt svalna.

Kavla ut degen till en tjocklek av 5 mm och skär ut med en 5 cm fräs. Lägg kexen (kexen) på en osmord bakplåt (kex) och grädda i en förvärmd ugn vid 200°C/400°F/gasmark 6 i 10 minuter tills de är gyllenbruna.

Kakor med chokladtoppning

Gör 16

175 g/6 oz/¾ kopp smör eller margarin, mjukat

75 g/3 oz/1/3 kopp strösocker (superfint).

175 g/6 oz/1½ koppar allroundmjöl

50 g/2 oz/½ kopp malet ris

75 g/3 oz/¾ kopp chokladchips

100 g/4 oz/1 kopp mörk (halvsöt) choklad

Vispa smör eller margarin och socker ljust och pösigt. Blanda i mjöl och malet ris och knåda i chokladbitarna. Tryck ut i en smord rullpanna (gelérullform) och sticka med en gaffel. Grädda i en förvärmd ugn vid 160°C/325°F/gasmarkering 3 i 30 minuter tills de är gyllenbruna. Markera i fingrarna medan de fortfarande är varma och låt dem sedan svalna helt.

Smält chokladen i en värmesäker skål över en kastrull med lätt sjudande vatten. Fördela över kexen (kexen) och låt svalna och stelna innan du skär i fingrar. Förvara i en lufttät behållare.

Smörgåskakor med kaffe och choklad

Gör 40

För kexen (kexen):

175 g/6 oz/¾ kopp smör eller margarin

25 g/1 oz/2 matskedar ister (förkortning)

450 g/1 lb/4 koppar vanligt mjöl (all-purpose)

En nypa salt

100 g/4 oz/½ kopp mjukt farinsocker

5 ml/1 tsk bikarbonat (bakpulver)

60 ml/4 msk starkt svart kaffe

5 ml/1 tsk vaniljessens (extrakt)

100 g / 4 oz / 1/3 kopp gyllene (ljus majs) sirap

För fyllningen:

10 ml/2 tsk snabbkaffepulver

10 ml/2 tsk kokande vatten

50 g/2 oz/¼ kopp (superfint) socker

25 g/2 msk smör eller margarin

15 ml/1 msk mjölk

För att göra kakorna, gnid in smöret eller margarinet och isterna i mjölet och saltet tills blandningen liknar ströbröd och rör sedan ner farinsockret. Blanda läsken med lite av kaffet, rör sedan ner det i blandningen med resten av kaffet, vaniljessensen och sirapen och blanda tills du har en smidig deg. Lägg i en lätt oljad skål, täck med plastfolie (plastfolie) och låt stå över natten.

Kavla ut degen på en lätt mjölad yta till en tjocklek av ca 1 cm och skär i 2 x 7,5 cm rektanglar. Ricka var och en med en gaffel för att skapa ett räfflat mönster. Lägg på en smord bakplåt (kex) och grädda i en förvärmd ugn vid 200°C/400°F/gasmark 6 i 10 minuter tills de är gyllenbruna. Låt svalna på galler.

För att göra fyllningen, lös upp kaffepulvret i det kokande vattnet i en liten kastrull, rör ner resterande ingredienser och låt koka upp. Koka i 2 minuter, ta sedan av värmen och vispa tills den är tjock och sval. Smörgås parar kakor tillsammans med fyllningen.

Julkakor

Gör 24

100 g/4 oz/½ kopp smör eller margarin, uppmjukat

100 g/4 oz/½ kopp (superfint) socker

225 g/8 oz/2 koppar vanligt mjöl (all-purpose)

En nypa salt

5 ml/1 tsk mald kanel

1 äggula

10 ml/2 tsk kallt vatten

Några droppar vaniljessens (extrakt)

För glasyren (glasyren):

225 g/8 oz/11/3 koppar florsocker (konditorer), siktad

30 ml/2 msk vatten

Matfärgning (valfritt)

Vispa smör och socker ljust och pösigt. Vänd ner mjöl, salt och kanel, blanda i äggula, vatten och vaniljessens och blanda till en fast deg. Slå in i plastfolie (plastfolie) och låt svalna i 30 minuter.

Kavla ut degen till en tjocklek av 5 mm/¼ och skär ut julformar med kakformar eller en vass kniv. Gör ett hål i toppen av varje kaka om du vill hänga dem på ett träd. Placera formarna på en smord bakplåt och grädda i en förvärmd ugn vid 200°C/400°F/gasmark 6 i 10 minuter tills de är gyllenbruna. Låt svalna.

För att göra glasyren, blanda gradvis vattnet med florsockret tills du har en ganska tjock glasyr. Färga små mängder i olika färger om så önskas. Sprid mönster på kakorna och låt dem stelna. Trä en ögla av band eller tråd genom hålet för upphängning.

Kokoskakor

Gör 32

50 g/2 oz/3 matskedar gyllene (ljus majs) sirap

150 g/5 oz/2/3 kopp smör eller margarin

100 g/4 oz/½ kopp (superfint) socker

100 g / 4 oz / 1 kopp vanligt mjöl (alltså)

75 g/3 oz/¾ kopp havregryn

50 g/2 oz/½ kopp torkad (strimlad) kokosnöt

10 ml/2 tsk bikarbonat (bakpulver)

15 ml/1 msk varmt vatten

Smält sirap, smör eller margarin och socker tillsammans. Rör ner mjöl, havre och torkad kokos. Blanda bikarbonat med läsk med det varma vattnet och rör sedan i övriga ingredienser. Låt blandningen svalna något, dela sedan i 32 bitar och rulla var och en till en boll. Platta ut kexen (kexen) och placera dem på smorda bakplåtar (kakor). Grädda i en förvärmd ugn vid 160°C/325°F/gasmarkering 3 i 20 minuter tills de är gyllenbruna.

Majskakor med fruktkräm

Gör 12

150 g/5 oz/1¼ koppar fullkornsmjöl (helvete)

150 g/5 oz/1¼ koppar majsmjöl

10 ml/2 tsk bakpulver

En nypa salt

225 g/8 oz/1 kopp yoghurt

75 g/3 oz/¼ kopp klar honung

2 ägg

45 ml/3 msk olja

Till fruktkrämen:

150 g smör eller margarin, uppmjukat

Saften av 1 citron

Några droppar vaniljessens (extrakt)

30 ml/2 matskedar (superfint) strösocker

225 g/8 oz jordgubbar

Blanda mjöl, majsmjöl, bakpulver och salt. Rör ner yoghurt, honung, ägg och olja och blanda till en smidig deg. Kavla ut på lätt mjölat underlag till ca 1 cm tjocklek och skär i stora cirklar. Lägg på en smord bakplåt (kex) och grädda i en förvärmd ugn vid 200°C/400°F/gasmark 6 i 15 minuter tills de är gyllenbruna.

För att göra fruktkrämen, blanda smör eller margarin, citronsaft, vaniljessens och socker. Spara några jordgubbar till dekoration, puré resten och gnid igenom en sil (sil) om du föredrar grädden utan frön. Blanda ner i smörblandningen och låt svalna. Sked eller sprid en rosett grädde på varje kaka före servering.

Cornish kex

Gör 20

225 g / 8 oz / 2 koppar självhöjande (självjäsande) mjöl

En nypa salt

100 g/4 oz/½ kopp smör eller margarin

175 g/6 oz/2/3 kopp (superfint) socker

1 ägg

Florsocker (konfektyr), siktat, för att pudra

Blanda mjöl och salt i en skål och gnid in smöret eller margarinet tills blandningen liknar ströbröd. Rör ner sockret. Rör ner ägget och knåda till en mjuk deg. Kavla ut tunt på lätt mjölat underlag och skär i rundlar.

Lägg dem på en smord bakplåt (kex) och grädda i en förvärmd ugn vid 200°C/400°F/gasmark 6 i cirka 10 minuter tills de är gyllenbruna.

Helvete vinbärskakor

Gör 36

100 g/4 oz/½ kopp smör eller margarin, uppmjukat

50 g/2 oz/¼ kopp demerara socker

2 ägg, separerade

100 g/4 oz/2/3 kopp vinbär

225 g / 8 oz / 2 koppar fullkornsmjöl (helvete)

100 g / 4 oz / 1 kopp vanligt mjöl (alltså)

5 ml/1 tsk malda blandade (äppelpaj) kryddor

150 ml/¼ pt/2/3 kopp mjölk, plus extra för borstning

Vispa ihop smör eller margarin och socker tills det blir ljust och pösigt. Vispa i äggulorna och rör sedan ner vinbären. Blanda ihop mjölet och de blandade örterna och rör ner i blandningen med mjölken. Vispa äggvitorna tills de bildar mjuka toppar och vänd sedan ner dem i blandningen till en mjuk deg. Kavla ut degen på en lätt mjölad yta och skär sedan ut den med en 5 cm/2in kakform. Lägg på en smord plåt (kakor) och pensla med mjölk. Grädda i en förvärmd ugn vid 180°C/350°F/gasmarkering 4 i 20 minuter tills de är gyllenbruna.

Date Roll Cookies

Gör 30

225 g/1 dl smör eller margarin, uppmjukat

450 g/1 lb/2 koppar mjukt farinsocker

225 g/8 oz/2 koppar havregryn

225 g/8 oz/2 koppar vanligt mjöl (all-purpose)

2,5 ml/½ tsk bikarbonat (bakpulver)

En nypa salt

120 ml/½ kopp mjölk

225 g/8 oz/2 koppar urkärnade (urkärnade) dadlar, mycket fint hackade

250 ml/8 fl oz/1 kopp vatten

Vispa smöret eller margarinet och hälften av sockret ljust och pösigt. Blanda ihop de torra ingredienserna och tillsätt i gräddblandningen växelvis med mjölken tills du har en stel deg. Kavla ut på lätt mjölat bord och skär ut rundlar med en kexfräs. Lägg dem på en smord bakplåt (kex) och grädda i en förvärmd ugn vid 180°C/350°F/gasmark 4 i 10 minuter tills de är gyllenbruna.

Lägg alla övriga ingredienser i en kastrull och låt koka upp. Sänk värmen och låt sjuda i 20 minuter tills det tjocknat, rör om då och då. Låt svalna. Smörgå ihop kakorna med fyllningen.

Digestive kex (Graham Crackers)

Gör 24

175 g/6 oz/1½ koppar fullkornsmjöl (helvete)

50 g/2 oz/½ kopp vanligt mjöl (all-purpose)

50 g/2 oz/½ kopp medelstor havregryn

2,5 ml/½ tsk salt

5 ml/1 tsk bakpulver

100 g/4 oz/½ kopp smör eller margarin

30 ml/2 msk mjukt farinsocker

60 ml/4 matskedar mjölk

Blanda mjöl, havregryn, salt och bakpulver, gnid sedan in smöret eller margarinet och blanda i sockret. Tillsätt mjölken gradvis och blanda till en mjuk deg. Knåda väl tills den inte längre är kladdig. Kavla ut till 5 mm/¼ tjocklek och skär i 5 cm/2 rundlar med en kakform. Lägg på en smord bakplåt (kex) och grädda i en förvärmd ugn vid 180°C/350°F/gasmark 4 i cirka 15 minuter.

påskkakor

Gör 20

75 g/3 oz/1/3 kopp smör eller margarin, mjukat

100 g/4 oz/½ kopp (superfint) socker

1 äggula

150 g / 6 oz / 1½ koppar självhöjande (självhöjande) mjöl

5 ml/1 tsk malda blandade (äppelpaj) kryddor

15 ml/1 msk hackat blandat (kanderat) skal

50 g/2 oz/1/3 kopp vinbär

15 ml/1 msk mjölk

Strösocker (superfint) för att strö över

Vispa smör eller margarin och socker krämigt. Vispa i äggulan och vänd sedan ner mjöl och blandade örter. Rör ner skalet och vinbären med tillräckligt med mjölk för att göra en hård deg. Kavla ut till ca 5 mm/¼ tjocklek och skär i 5 cm/2 rundlar med en kakform. Lägg kakorna på en smord plåt (kakor) och sticka dem med en gaffel. Grädda i en förvärmd ugn vid 180°C/350°F/gasmarkering 4 i cirka 20 minuter tills de är gyllenbruna. Strö över socker.

Florentinare

Gör 40

100 g/4 oz/½ kopp smör eller margarin

100 g/4 oz/½ kopp (superfint) socker

15 ml/1 msk dubbel (tung) grädde

100 g/4 oz/1 kopp hackade blandade nötter

75 g/3 oz/½ kopp sultanor (gyllene russin)

50 g/2 oz/¼ kopp glacé (kanderade) körsbär

Smält smör eller margarin, socker och grädde i en kastrull på låg värme. Ta av från värmen och rör ner nötter, sultaner och kanderade körsbär. Låt teskedar falla isär väl på smorda bakplåtar (kakor) klädda med rispapper. Grädda i en förvärmd ugn vid 180°C/350°F/gasmark 4 i 10 minuter. Låt svalna på arken i 5 minuter, överför sedan till ett galler för att svalna, putsa bort eventuellt överflödigt rispapper.

Choklad florentinare

Gör 40

100 g/4 oz/½ kopp smör eller margarin

100 g/4 oz/½ kopp (superfint) socker

15 ml/1 msk dubbel (tung) grädde

100 g/4 oz/1 kopp hackade blandade nötter

75 g/3 oz/½ kopp sultanor (gyllene russin)

50 g/2 oz/¼ kopp glacé (kanderade) körsbär

100 g/4 oz/1 kopp mörk (halvsöt) choklad

Smält smör eller margarin, socker och grädde i en kastrull på låg värme. Ta av från värmen och rör ner nötter, sultaner och kanderade körsbär. Låt teskedar falla isär väl på smorda bakplåtar (kakor) klädda med rispapper. Grädda i en förvärmd ugn vid 180°C/350°F/gasmark 4 i 10 minuter. Låt svalna på arken i 5 minuter, överför sedan till ett galler för att svalna, putsa bort eventuellt överflödigt rispapper.

Smält chokladen i en värmesäker skål över en kastrull med lätt sjudande vatten. Fördela över kexen (kexen) och låt svalna och stelna.

Lyxig Choklad Florentines

Gör 40

100 g/4 oz/½ kopp smör eller margarin

100 g/4 oz/½ kopp mjukt farinsocker

15 ml/1 msk dubbel (tung) grädde

50 g/2 oz/¼ kopp mandel, hackad

50 g/2 oz/¼ kopp hasselnötter, hackade

75 g/3 oz/½ kopp sultanor (gyllene russin)

50 g/2 oz/¼ kopp glacé (kanderade) körsbär

100 g/4 oz/1 kopp mörk (halvsöt) choklad

50 g/2 oz/½ kopp vit choklad

Smält smör eller margarin, socker och grädde i en kastrull på låg värme. Ta av från värmen och rör ner nötter, sultaner och kanderade körsbär. Låt teskedar falla isär väl på smorda bakplåtar (kakor) klädda med rispapper. Grädda i en förvärmd ugn vid 180°C/350°F/gasmark 4 i 10 minuter. Låt svalna på arken i 5 minuter, överför sedan till ett galler för att svalna, putsa bort eventuellt överflödigt rispapper.

Smält den mörka chokladen i en värmesäker skål över en kastrull med lätt sjudande vatten. Fördela över kexen (kexen) och låt svalna och stelna. Smält den vita chokladen på samma sätt i en ren skål och strö sedan rader av vit choklad i ett slumpmässigt mönster över kakorna.

Fudge nötkakor

Gör 30

75 g/3 oz/1/3 kopp smör eller margarin, mjukat

200 g/7 oz/lite 1 kopp (superfint) strösocker

1 ägg, lätt uppvispat

100 g/4 oz/½ kopp keso

5 ml/1 tsk vaniljessens (extrakt)

150 g/5 oz/1¼ koppar vanligt mjöl (all-purpose)

25 g/1 oz/¼ kopp kakaopulver (osötad choklad)

2,5 ml/½ tsk bakpulver

1,5 ml/¼ tsk bikarbonat (bakpulver)

En nypa salt

25 g/1 oz/¼ kopp hackade blandade nötter

25 g/1 oz/2 msk strösocker

Vispa smör eller margarin och strösocker ljust och pösigt. Blanda gradvis i ägget och keso. Rör ner resten av ingredienserna förutom strösockret och blanda till en mjuk deg. Slå in i plastfolie (plastfolie) och låt svalna i 1 timme.

Rulla degen till bollar i storleken av en valnöt och rulla dem i strösocker. Lägg kexen (kexen) på en smord bakplåt (kex) och grädda i en förvärmd ugn vid 180°C/350°F/gasmark 4 i 10 minuter.

Tyska iskakor

Gör 12

50 g/2 oz/¼ kopp smör eller margarin

100 g / 4 oz / 1 kopp vanligt mjöl (alltså)

25 g/1 oz/2 matskedar (superfint) strösocker

60 ml/4 matskedar björnbärssylt (burk)

100 g florsocker (konditor), siktat

15 ml/1 msk citronsaft

Gnid in smöret i mjölet tills blandningen liknar ströbröd. Rör ner sockret och tryck till en pasta. Kavla ut till en tjocklek av 5 mm/¼ och skär ut rundlar med en kexfräs. Lägg på en smord bakplåt (kex) och grädda i en förvärmd ugn vid 180°C/350°F/gasmark 6 i 10 minuter tills den är kall. Låt svalna.

Smörgås parar kakor tillsammans med sylten. Lägg florsockret i en skål och gör en brunn i mitten. Blanda gradvis i citronsaften för att göra en glacéglasyr (glasyr). Strö över kakorna och låt stelna.

Gingernaps

Gör 24

300 g/10 oz/1¼ koppar smör eller margarin, uppmjukat

225 g/8 oz/1 kopp mjukt farinsocker

75 g/3 oz/¼ kopp svart sirap (melass)

1 ägg

250 g/9 oz/2¼ koppar vanligt mjöl (all-purpose)

10 ml/2 tsk bikarbonat (bakpulver)

2,5 ml/½ tsk salt

5 ml/1 tsk ingefärapulver

5 ml/1 tsk mald kryddnejlika

5 ml/1 tsk mald kanel

50 g/2 oz/¼ kopp strösocker

Vispa ihop smör eller margarin, farinsocker, melasssirap och ägg tills det blir fluffigt. Blanda mjöl, natriumbikarbonat, salt och kryddor. Rör ner i smörblandningen och knåda till en fast deg. Täck över och låt svalna i 1 timme.

Forma små bollar av degen och rulla dem i strösockret. Lägg dem väl isär på en smord ugnsplåt och strö över lite vatten. Grädda i en förvärmd ugn vid 190°C/375°F/gas 5 i 12 minuter tills de är gyllenbruna och krispiga.

Ingefära kex

Gör 24

100 g/4 oz/½ kopp smör eller margarin

225 g / 8 oz / 2 koppar självhöjande (självjäsande) mjöl

5 ml/1 tsk bikarbonat (bakpulver)

5 ml/1 tsk ingefärapulver

100 g/4 oz/½ kopp (superfint) socker

45 ml/3 msk gyllene (ljus majs) sirap, värmd

Gnid in smöret eller margarinet i mjöl, natriumbikarbonat och ingefära. Rör ner sockret, blanda i sirapen och knåda till en fast deg. Rulla dem till bollar i storleken av en valnöt, lägg dem väl isär på en smord ugnsplåt (kakor) och tryck till lätt med en gaffel för att platta till dem. Grädda kexen (kexen) i en förvärmd ugn vid 190°C/375°F/gasmark 5 i 10 minuter.

Pepparkaksmän

Blir ca 16

350 g/12 oz/3 koppar självhöjande mjöl

En nypa salt

10 ml/2 tsk ingefärapulver

100 g / 4 oz / 1/3 kopp gyllene (ljus majs) sirap

75 g/3 oz/1/3 kopp smör eller margarin

25 g/1 oz/2 matskedar (superfint) strösocker

1 ägg, lätt uppvispat

Några vinbär (valfritt)

Blanda mjöl, salt och ingefära. Smält sirap, smör eller margarin och socker i en kastrull. Låt svalna något, vispa sedan ner ägget i de torra ingredienserna och blanda till en fast deg. Kavla ut på lätt mjölat underlag till en tjocklek av 5 mm och skär ut med fräsar. Antalet du kan göra beror på storleken på dina fräsar. Lägg på en lätt smord plåt (kakor) och tryck försiktigt ner vinbären i kakorna (kakorna) för ögon och knappar, om så önskas. Grädda i en förvärmd ugn vid 180°C/350°F/gasmarkering 4 i 15 minuter tills den är gyllenbrun och fast vid beröring.

Ingefärakakor av fullkornsvete

Gör 24

200 g/7 oz/1¾ koppar fullkornsmjöl (helvete)

10 ml/2 tsk bakpulver

10 ml/2 tsk ingefärapulver

100 g/4 oz/½ kopp smör eller margarin

50 g/2 oz/¼ kopp mjukt farinsocker

60 ml/4 matskedar klar honung

Blanda ihop mjöl, bakpulver och ingefära. Smält smöret eller margarinet med sockret och honungen, rör ner i de torra ingredienserna och blanda till en fast deg. Kavla ut på mjölat underlag och skär ut rundlar med en kexfräs. Lägg på en smord bakplåt (kex) och grädda i en förvärmd ugn vid 190°C/375°F/gasmark 5 i 12 minuter tills de är gyllenbruna och krispiga.

Ingefära och riskakor

Gör 12

225 g/8 oz/2 koppar vanligt mjöl (all-purpose)

2,5 ml/½ tsk mald muskotblomma

10 ml/2 tsk ingefärapulver

75 g/3 oz/1/3 kopp smör eller margarin

175 g/6 oz/¾ kopp (superfint) socker

1 ägg, uppvispat

5 ml/1 tsk citronsaft

30 ml/2 msk malet ris

Blanda mjöl och kryddor, gnid in smöret eller margarinet tills blandningen liknar ströbröd, rör sedan ner sockret. Blanda ägg och citronsaft till en fast deg och knåda försiktigt till en slät smet. Pudra en arbetsyta med det malda riset och kavla ut degen till en tjocklek av 1 cm. Skär i rundlar om 5 cm/2 med en kexfräs. Lägg på en smord bakplåt (kex) och grädda i en förvärmd ugn vid 180°C/350°F/gasmark 4 i 20 minuter tills de är fasta vid beröring.

Gyllene kakor

Gör 36

75 g/3 oz/1/3 kopp smör eller margarin, mjukat

200 g/7 oz/lite 1 kopp (superfint) strösocker

2 ägg, lätt vispade

225 g/8 oz/2 koppar vanligt mjöl (all-purpose)

10 ml/2 tsk bakpulver

5 ml/1 tsk riven muskotnöt

En nypa salt

Ägg eller mjölk för glasering

Strösocker (superfint) för att strö över

Vispa smör eller margarin och socker krämigt. Blanda gradvis i äggen, rör sedan ner mjöl, bakpulver, muskotnöt och salt och blanda till en mjuk deg. Täck över och låt vila i 30 minuter.

Kavla ut degen på en lätt mjölad arbetsyta till en tjocklek av ca 5 mm och skär ut rundlar med en kakform. Lägg på en smord ugnsplåt, pensla med uppvispat ägg eller mjölk och strö över socker. Grädda i en förvärmd ugn vid 200°C/400°F/gasmarkering 6 i 8-10 minuter tills de är gyllenbruna.

Hasselnötskakor

Gör 24

100 g/4 oz/½ kopp smör eller margarin, uppmjukat

50 g/2 oz/¼ kopp (superfint) socker

100 g / 4 oz / 1 kopp vanligt mjöl (alltså)

25 g/1 oz/¼ kopp malda hasselnötter

Vispa smör eller margarin och socker ljust och pösigt. Arbeta gradvis in mjöl och nötter tills du har en stel deg. Rulla den till små bollar och lägg dem väl isär på en smord bakplåt (kakor). Grädda kexen (kexen) i en förvärmd ugn vid 180°C/350°F/gasmark 4 i 20 minuter.

Krispiga hasselnötskakor

Gör 40

100 g/4 oz/½ kopp smör eller margarin, uppmjukat

100 g/4 oz/½ kopp (superfint) socker

1 ägg, uppvispat

5 ml/1 tsk vaniljessens (extrakt)

175 g/6 oz/1½ koppar allroundmjöl

50 g/2 oz/½ kopp malda hasselnötter

50 g/2 oz/½ kopp hasselnötter, hackade

Vispa smör eller margarin och socker ljust och pösigt. Vispa gradvis i ägget och vaniljessensen, vänd sedan ner mjöl, malda hasselnötter och hasselnötter och knåda till en deg. Rulla till en boll, linda in i plastfolie (plastfolie) och låt svalna i 1 timme.

Kavla ut degen till en tjocklek av 5 mm och skär ut rundlar med en kakform. Lägg på en smord bakplåt och grädda i en förvärmd ugn vid 200°C/400°F/gasmark 6 i 10 minuter tills de är gyllenbruna.

Hasselnöts- och mandelkakor

Gör 24

100 g/4 oz/½ kopp smör eller margarin, uppmjukat

75 g/3 oz/½ kopp florsocker (konditorer), siktad

50 g/2 oz/1/3 kopp malda hasselnötter

50 g / 2 oz / 1/3 kopp mald mandel

100 g / 4 oz / 1 kopp vanligt mjöl (alltså)

5 ml/1 tsk mandelessens (extrakt)

En nypa salt

Vispa smör eller margarin och socker ljust och pösigt. Blanda resterande ingredienser till en fast deg. Rulla till en boll, täck med plastfolie (plastfolie) och låt svalna i 30 minuter.

Kavla ut degen till en tjocklek av ca 1 cm och skär ut rundlar med en kakform. Lägg dem på en smord bakplåt (kex) och grädda i en förvärmd ugn vid 180°C/350°F/gasmark 4 i 15 minuter tills de är gyllenbruna.

honungskakor

Gör 24

75 g/3 oz/1/3 kopp smör eller margarin

100 g / 4 oz / 1/3 kopp set honung

225 g / 8 oz / 2 koppar fullkornsmjöl (helvete)

5 ml/1 tsk bakpulver

En nypa salt

50 g/2 oz/¼ kopp muscovadosocker

5 ml/1 tsk mald kanel

1 ägg, lätt uppvispat

Smält smör eller margarin och honung tills det blandas. Rör ner resterande ingredienser. Häll upp skedar av blandningen jämnt på en smord bakplåt och grädda i en förvärmd ugn vid 180°C/350°F/gasmark 4 i 15 minuter tills den är gyllenbrun. Låt svalna i 5 minuter innan du överför till ett galler för att svalna.

Älskling Ratafias

Gör 24

2 äggvitor

100 g / 4 oz / 1 kopp mald mandel

Några droppar mandelessens (extrakt)

100 g / 4 oz / 1/3 kopp klar honung

Rispapper

Vispa äggvitorna hårt. Vänd försiktigt ner mandel, mandelessens och honung. Placera skedar av blandningen väl ifrån varandra på bakplåtar (kakor) klädda med rispapper och grädda i en förvärmd ugn vid 180°C/350°F/gasmark 4 i 15 minuter tills de är gyllenbruna. Låt svalna något och riv sedan runt papperet för att ta bort.

Honung och kärnmjölkskex

Gör 12

50 g/2 oz/¼ kopp smör eller margarin

225 g / 8 oz / 2 koppar självhöjande (självjäsande) mjöl

175 ml/6 fl oz/¾ kopp kärnmjölk

45 ml/3 msk klar honung

Gnid in smöret eller margarinet i mjölet tills blandningen liknar ströbröd. Rör ner kärnmjölken och honungen och blanda till en fast deg. Lägg på en lätt mjölad yta och knåda tills den är slät, kavla sedan ut till 2 cm tjocklek och skär i 5 cm rund form med en kakform. Lägg dem på en smord bakplåt (kex) och grädda i en förvärmd ugn vid 230°C/450°F/gasmark 8 i 10 minuter tills de är gyllenbruna.

Citronsmörkakor

Gör 20

100 g / 4 oz / 1 kopp malet ris

100 g / 4 oz / 1 kopp vanligt mjöl (alltså)

75 g/3 oz/1/3 kopp strösocker (superfint).

En nypa salt

2,5 ml/½ tsk bakpulver

100 g/4 oz/½ kopp smör eller margarin

Rivet skal av 1 citron

1 ägg, uppvispat

Blanda det malda riset, mjölet, socker, salt och bakpulver. Gnid in smöret tills blandningen liknar ströbröd. Rör ner citronskalet och blanda med så mycket av ägget att det blir en fast deg. Knåda försiktigt, kavla ut på en mjölad arbetsyta och skär i form med en kexfräs. Lägg på en smord bakplåt (kex) och grädda i en förvärmd ugn vid 180°C/350°F/gasmarkering 4 i 30 minuter. Låt svalna något på plåten och överför sedan till ett galler för att svalna helt.

citronkakor

Gör 24

100 g/4 oz/½ kopp smör eller margarin

100 g/4 oz/½ kopp (superfint) socker

1 ägg, lätt uppvispat

225 g/8 oz/2 koppar vanligt mjöl (all-purpose)

5 ml/1 tsk bakpulver

Rivet skal av ½ citron

5 ml/1 tsk citronsaft

30 ml/2 msk demerara socker

Smält smöret eller margarinet och strösockret på låg värme under konstant omrörning tills blandningen börjar tjockna. Ta av från värmen och rör ner ägg, mjöl, bakpulver, citronskal och saft och blanda till en deg. Täck över och låt svalna i 30 minuter.

Forma små bollar av degen och lägg dem på en smord bakplåt (kakor) och platta till dem med en gaffel. Strö över demerarasockret. Grädda i en förvärmd ugn vid 180°C/350°F/gasmark 4 i 15 minuter.

ISBN 978-1-83611-608-0

Smältande ögonblick

Gör 16

100 g/4 oz/½ kopp smör eller margarin, uppmjukat

75 g/3 oz/1/3 kopp strösocker (superfint).

1 ägg, uppvispat

150 g/5 oz/1¼ koppar vanligt mjöl (all-purpose)

10 ml/2 tsk bakpulver

En nypa salt

8 glacé (kanderade) körsbär, halverade

Vispa smör eller margarin och socker ljust och pösigt. Vispa gradvis i ägget och vänd sedan ner mjöl, bakpulver och salt. Knåda försiktigt till en smidig deg. Forma degen till 16 lika stora bollar och lägg dem väl isär på en smord plåt (kakor). Platta till något och toppa var och en med ett halvt körsbär. Grädda i en förvärmd ugn vid 180°C/350°F/gasmark 4 i 15 minuter. Låt svalna på plåten i 5 minuter och överför sedan till ett galler för att svalna.

www.ingramcontent.com/pod-product-compliance
Lightning Source LLC
Chambersburg PA
CBHW071858110526
44591CB00011B/1463